Linie 1

Deutsch in Alltag und Beruf

Lehrerhandbuch

Eva Harst

Ernst Klett Sprachen

Stuttgart

Von
Eva Harst
Kopiervorlagen in Zusammenarbeit mit Susan Kaufmann

Projektleitung: Annalisa Scarpa-Diewald
Redaktion: Annalisa Scarpa-Diewald, Carola Jeschke
Gestaltungskonzept und Layout: Britta Petermeyer, Snow, München
Umschlagsgestaltung: Studio Schübel, München
Coverfoto: © Fotolia.com – Monkey Business und goodluz
Illustrationen: Hans-Jürgen Feldhaus, Feldhaus Text & Grafik, Münster

Linie A1 – Materialien

Kurs- und Übungsbuch A1.1		Intensivtrainer A1	607059
mit Audios und Videos auf DVD-ROM	607050	Testheft mit Audio-CD A1	607060
Kurs- und Übungsbuch A1.2		Audio-CDs A1.1	607052
mit Audios und Videos auf DVD-ROM	607053	Audio-CDs A1.2	607054
Kurs- und Übungsbuch A1 Gesamtband		Audio-CDs A1	607056
mit Audios und Videos auf DVD-ROM	607055	DVD A1	607057
Digitales Unterrichtspaket A1	NP00860705802	Glossare	als Download
Lehrerhandbuch A1	607061		

Linie 1 digital

Kurs- und Übungsbuch A1, Digitale Ausgabe mit LMS	für Unterrichtende	NP00860705590
Kurs- und Übungsbuch A1, Digitale Ausgabe mit LMS	für Lernende	NP00860705502
Kursbuch A1.1, Digitale Ausgabe mit LMS	für Unterrichtende	NP00860705091
Kursbuch A1.2, Digitale Ausgabe mit LMS	für Unterrichtende	NP00860705391
Übungsbuch A1.1, Digitale Ausgabe mit LMS	für Unterrichtende	NP00860705092
Übungsbuch A1.2, Digitale Ausgabe mit LMS	für Unterrichtende	NP00860705392
Kursbuch A1.1, Digitale Ausgabe mit LMS	für Lernende	NP00860705001
Kursbuch A1.2, Digitale Ausgabe mit LMS	für Lernende	NP00860705301
Übungsbuch A1.1, Digitale Ausgabe mit LMS	für Lernende	NP00860705002
Übungsbuch A1.2, Digitale Ausgabe mit LMS	für Lernende	NP00860705302

Das Beste für Ihren Unterricht!
Das **derdieDaF-Portal** bietet Ihnen **kostenlos und aus einer Hand**
alles, was Sie für Ihre Arbeit brauchen:
über 4.000 Materialien zum Download, Unterrichtsideen,
didaktische Tipps, Fortbildungen, eine Jobbörse und vieles mehr.
Ihr Portal für DaF und DaZ: **www.derdiedaf.com**

Besuchen Sie uns auch im Internet: www.klett-sprachen.de/linie1

1. Auflage 1^{10} ^{9} ^{8} | 2023 22 21

© Ernst Klett Sprachen GmbH, Rotebühlstraße 77, 70178 Stuttgart, 2017
© der Originalausgabe: Klett-Langenscheidt GmbH, München, 2015

Satz und Repro: Franzis print & media GmbH, München
Druck und Bindung: Elanders GmbH, Waiblingen

ISBN 978-3-12-607061-4

Inhalt

Linie 1 – ein Lernpaket 4

Der Aufbau von *Linie 1 A1* 5

Die Struktur des Kursbuchs und des Übungsbuchs 6

Didaktische Schwerpunkte 8

Hinweise zur Arbeit mit dem Lehrerhandbuch 10

Erläuterungen zum Unterricht 11

1	Herzlich willkommen! 11
2	Kontakte 15
	Haltestelle A 19
3	Wie heißt das auf Deutsch? 20
4	Einen Kaffee, bitte. 24
	Haltestelle B 28
5	Was machst du heute? 29
6	Das schmeckt gut! 33
	Haltestelle C 37
7	Meine Familie und ich 38
8	Der Balkon ist schön. 42
	Haltestelle D 46
9	Endlich Freizeit! 47
10	Neu in Deutschland 51
	Haltestelle E 55
11	Alles Gute! 56
12	Unterwegs 60
	Haltestelle F 64
13	Gute Besserung! 65
14	Was kann ich für Sie tun? 69
	Haltestelle G 73
15	Das kann man lernen! 74
16	Glücksmomente 78
	Haltestelle H 82

Anhang

Kopiervorlagen 83

Glossar 115

Lernziele des Rahmencurriculum für Integrationskurse „Deutsch als Zweitsprache" ...117

Linie 1 – ein Lernpaket

Zielgruppe

Linie 1 richtet sich an Erwachsene (ab 16 Jahren), die Deutsch für den Alltag lernen.

Es ist ein Lehrwerk für Lernende ohne Vorkenntnisse.

Linie 1 eignet sich insbesondere für folgende Lernergruppen:

• erwachsene Lernende im Inland und Ausland, die in alltagsrelevanten Situationen Deutsch lernen möchten
• erwachsene Lernende im Inland und Ausland, die einen frühen Zugang zu Deutsch für den Beruf brauchen
• Lernende in Integrationskursen
• heterogene Klassen

Eigenschaften

Linie 1 orientiert sich am „Gemeinsamen Europäischen Referenzrahmen für Sprachen" (GER) sowie am Rahmencurriculum für Integrationskurse „Deutsch als Zweitsprache" und führt in sechs Halbbänden bzw. drei Gesamtbänden zu den Niveaustufen A1, A2 und B1 und in einem Gesamtband zu der Niveaustufe B2. Das Lehrwerk bereitet auf die Prüfungen von Goethe-Institut, ÖSD und telc vor.

Linie 1 A1 bietet Material für etwa 160–200 Unterrichtsstunden, 8–12 Unterrichtsstunden pro Kapitel plus ca. vier Unterrichtsstunden pro Haltestelle. Die Anzahl der Unterrichtseinheiten, die mit *Linie 1 A1* gestaltet werden können, ist auch abhängig von den Voraussetzungen der Lerngruppe und Kursart und kann durch das breite Angebot an Komponenten, die zusätzlich zum Kurs- und Übungsbuch eingesetzt werden können, flexibel an Zielgruppe und Rahmenbedingungen angepasst werden.

Linie 1 wurde speziell für den Unterricht mit heterogenen Lerngruppen entwickelt. Die Herausforderung, Lernende aus vielen Kulturen mit unterschiedlichen Herkunftssprachen, Lernerfahrungen, Erwartungen und Zielen in einem Kurs zu unterrichten, stand im Mittelpunkt bei der Konzeption dieses Lehrwerks. Somit ist *Linie 1* ein Lehrwerk, das

• lernungewohnten Lernenden durch Übersichtlichkeit, Transparenz und einen klaren Lernweg den Einstieg in die deutsche Sprache erleichtert,
• auch schneller Lernenden die Herausforderungen bietet, die sie sich wünschen,
• Differenzierung in vielerlei Hinsicht ernst nimmt: nach Schwierigkeit, Lerntyp, Fertigkeit, Interesse, Sozialform,
• Sprachhandeln in den Vordergrund stellt, es im sicheren Umfeld trainiert und so die Lernenden fit macht für Alltag und Beruf,
• durch klare Lernwege und aktuelle Texte den Einstieg in die deutsche Sprache und Kultur erleichtert,
• gezielt die vier Fertigkeiten (Hören, Sprechen, Lesen und Schreiben) trainiert sowie Hör-Seh-Verstehen mithilfe der DVD,
• eine sanfte Gesamtprogression bietet,
• von Anfang an eine systematische Aussprachschulung enthält,
• viele zusätzliche Materialien zum Vertiefen, Wiederholen und Differenzieren anbietet, die entsprechend der Leistungsfähigkeit und den Interessen des Lernenden ausgewählt werden können,
• mit seinen Audio-, Video- und Online-Materialien multimedial angelegt ist: Diese Materialien werden in *Linie 1 digital mit LMS* und im **Digitalen Unterrichtspaket** (DVD-ROM mit Kurs- und Übungsbuch, Audio- und Videomaterial, Lehrerhandbuch u.v.m.) zusammengefasst, wodurch moderne, flexible Unterrichtsvorbereitung und -gestaltung unterstützt wird.

Ein klarer Aufbau der einzelnen Lernsequenzen, der vom Einführen/Erkennen, von stark zu weniger gelenktem Üben bis zur freien und individualisierten Produktion führt, garantiert den Lernerfolg bei der Arbeit mit *Linie 1*.

Der Aufbau von **Linie 1** *A1*

DVD
Optionale Video-Clips,
die den Kapiteln zugeordnet
sind (16 pro Stufe)
mit Video-Trainer (PDF)

Intensivtrainer
Übungen zu Wortschatz und
Grammatik von *Linie 1 A1*

Audio-CDs
Gesamtband: 4 CDs
Halbbände: je 2 CDs

**Online-Angebot
für Lehrende und für
Lernende**
Kopiervorlagen und Arbeitsblätter,
Transkripte, Einstufungstests,
übersetzte Arbeitsanweisungen,
Wortlisten, Redemittel,
Videotrainer, Kapiteltests, Lösungen, Kahoot-Übungen, Audios
und Videos u.v.m.

Kursbuch und Übungsbuch

Gesamtband:
16 Kapitel
8 Haltestellen
6 Testtrainings

Zwei Halbbände:
8 Kapitel
4 Haltestellen
Testtrainings zur Vorbereitung
auf die gängigen Prüfungen
der Niveaustufe A1
mit DVD-ROM mit allen
Audios und Video-Clips

Testheft
Mit Kapiteltests und zur
Vorbereitung auf die *Start
Deutsch 1*-Prüfung,
mit Audio-CD

**Linie 1
digital mit LMS**
Digitales Kurs- und
Übungsbuch
Mit Learning Management System
Für Lehrende und Lernende
Mit interaktiven Übungen
Lernfortschritt verfolgen, verwalten und evaluieren

Online-Übungen
Interaktive Übungen mit
Selbstkontrolle zu den Kapiteln in
Linie 1 zur Wiederholung und
Übung des Gelernten

Lehrerhandbuch
Unterrichtsvorschläge
Kopiervorlagen
Didaktisches Glossar
Lernziele des Rahmencurriculums
für Integrationskurse „Deutsch
als Zweitsprache"

Digitales Unterrichtspaket
zum Downloaden
multimediales Vorbereiten und Unterrichten:
digitales Kursbuch und Übungsbuch
als interaktive PDFs,
Audio- und Videomaterial, Lehrerhandbuch,
Kopiervorlagen, Lösungen u.v.m.

Lösungen, Transkripte, Kapitelwortschatz, Videotrainer u.v.m. kostenlos unter www.klett-sprachen.de/linie1

Die Struktur des Kursbuchs und des Übungsbuchs

Das Kursbuch besteht aus 16 Kapiteln und acht Haltestellen. Nach je zwei Kapiteln gibt es eine Haltestelle mit spielerischen Angeboten zum Wiederholen von Wortschatz und Redemitteln aus den vorangegangenen Kapiteln sowie Aufgaben und Informationen zur Landeskunde von Deutschland, Österreich und der Schweiz. Weiterhin sind Fertigkeitstrainings, Diktate und berufliche Aspekte wiederkehrende Themen auf diesen Seiten. Ab Kapitel 6 schließt sich an die Haltestellen ein Testtraining an, das auf die Prüfung *Start Deutsch A1* vorbereitet.

Kapitel

Jedes Kapitel besteht aus einem Kursbuchteil, an den sich der Übungsbuchteil direkt anschließt. Der Kursbuchteil besteht aus je sieben Seiten: einer Einstiegsseite gefolgt von drei Doppelseiten. Der Übungsbuchteil besteht aus drei Doppelseiten, es folgt eine Rückschauseite.

Einstiegsseiten

Die Einstiegsseite führt die Lernenden anhand einer Alltagssituation mit Fotos und kleinen Texten, die emotional ansprechen und die Neugier wecken, an das Thema des Kapitels heran, wobei das Vorwissen der Lernenden aktiviert und einbezogen wird. Gleichzeitig werden wichtiger neuer Wortschatz und wichtige neue Redemittel präsentiert. Auf jeder Einstiegsseite befindet sich ein Informationskasten mit einer Übersicht über die Lernziele des Kapitels.

Kursbuchteil: drei Doppelseiten

Auf den folgenden drei Doppelseiten erarbeiten und üben die Lernenden in mehreren Lernsequenzen Wortschatz, Redemittel und grammatische Strukturen. Eingebettet in einen alltagsnahen Handlungsablauf, der sich wie ein roter Faden durch das Kapitel zieht, wird dabei zunächst bereits vorhandenes Wissen aktiviert, dann der neue Lernstoff präsentiert und erarbeitet und durch anschließende Aufgaben gefestigt.

- Die Lernsequenzen folgen häufig folgendem Aufbau: Einführen – Erkennen – Üben – gelenkte Produktion – weniger gelenkte Produktion – freie und individualisierte Produktion in der abschließenden Aufgabe UND SIE?, in der die Lernenden als sie selbst sprechen und agieren können.
- Die Grammatikvermittlung erfolgt in einer Mischung von entdeckendem Lernen und erfolgsorientierter Anwendung in einem kommunikativen Kontext.
- Die Fertigkeiten Hören, Sprechen, Lesen und Schreiben werden gleichmäßig und ausgewogen über das Kapitel verteilt trainiert.
- Am Ende jedes Kapitels steht eine handlungsorientierte Aufgabe, bei der die Lernenden die neu erworbenen Fertigkeiten und Kompetenzen meist in Rollenspielen anwenden.
- In jedes Kapitel ist außerdem ein Aussprachetraining integriert.

Übungsbuchteil: drei Doppelseiten

Im Anschluss an den Kursbuchteil folgt der sechsseitige Übungsbuchteil, der abwechslungsreiche Übungen zu Wortschatz, Grammatik, Aussprache, Lese- und Hörverstehen und Schreiben bietet.

- Die Übungsteile schließen jeweils direkt an das Kursbuchkapitel an und folgen der Nummerierung der Kursbuchteile: Zu jeder Aufgabe im Kursbuch gibt es eine Aufgabe im Übungsteil mit der gleichen Nummer.
- Besonderes Augenmerk wird auf Schreibtraining gelegt. Rechtschreibung wird in den Aufgaben „RICHTIG SCHREIBEN" gezielt geübt.
- Lerntechniken werden in den Aufgaben „LEICHTER LERNEN" vermittelt und trainiert.
- Auch das Aussprachetraining wird hier wieder aufgenommen. Dabei wird der Lernprozess im Übungsbuch je nach individuellen Voraussetzungen verlangsamt, vertieft oder differenziert. Somit unterstützt das Übungsbuch das binnendifferenzierte Unterrichten in heterogenen Kursen und eignet sich sowohl für das intensive Sprachtraining im Unterricht, z. B. in Intensivkursen, als auch für das selbstständige Nacharbeiten und Vertiefen zu Hause.

Rückschauseiten *(Mein Deutsch in Kapitel ...)*

Die Rückschauseite sichert den Lernerfolg: Das im Kapitel Gelernte wird in aktivierender Form zusammengefasst, d. h., die Lernenden überprüfen durch kleine Aufgaben direkt, ob sie die Lernziele des Kapitels erreicht haben, die hier noch einmal als Kann-Beschreibungen („Das kann ich") dargestellt sind. Außerdem befindet sich auf der Rückschauseite eine Zusammenfassung der neu eingeführten grammatikalischen Strukturen.

Haltestellen

Nach zwei Kapiteln folgt jeweils eine Haltestelle. Hier können die Lernenden innehalten und in spielerischer Form den Lernstoff der vorangegangenen Kapitel wiederholen. Die Lernenden setzen sich auch spielerisch und kreativ mit landeskundlichen Themen der deutschsprachigen Länder (Deutschland, Österreich und Schweiz) auseinander, wobei Wortschatz aus den D-A-CH-Ländern einbezogen wird. Durch den linearen Aufbau mit modularen Elementen sind die Aufgaben der Haltestellen so angelegt, dass der Lernprozess je nach individuellen Voraussetzungen verlangsamt, vertieft oder differenziert wird und sie so ein binnendifferenziertes Unterrichten fördern und eine Individualisierung nach Themen, Interessen, Lerntyp und Fertigkeit ermöglichen. Weiterhin sind Fertigkeitstrainings, Diktate und berufliche Aspekte wiederkehrende Themen auf diesen Seiten.

Testtrainings

Ab Kapitel 6 gibt es im Anschluss an die Haltestellen Testtrainings, die die Lernenden auf die Prüfungen nach dem „Gemeinsamen Europäischen Referenzrahmen für Sprachen" vorbereiten. Für das Niveau A1 ist dies die Prüfung *Start Deutsch 1*. Hier werden die Lernenden mit den Prüfungsformaten vertraut gemacht und sie erhalten wertvolle Hinweise für Vorbereitung und Durchführung der Prüfung.

Anhang

Der Anhang von *Linie 1* enthält folgende Komponenten:
• Grammatikübersicht
• Listen der Verben mit Akkusativ sowie mit Akkusativ und Dativ
• Liste der unregelmäßigen Verben
• alphabetische Wortliste
• Zahlen, Zeiten, Maße, Gewichte
• Informationen zum Video und Links
• eine Übersicht über die Kurssprache

Zusätzliche Komponenten

Hörmaterialien

Die im Buch eingelegte DVD-ROM enthält alle Hörtexte und Ausspracheübungen des Kurs- und des Übungsbuchteils im mp3-Format. Die Hörtexte stehen auch auf CD (Gesamtband: vier CDs, Halbbände: je zwei CDs) oder als kostenloser Download (Zugangscode im Buch) im mp3-Format zur Verfügung.

Video-Clips

Zu jedem Kapitel gibt es einen Video-Clip mit kurzen, abgeschlossenen Szenen, die flexibel einsetzbar sind und zu Sprech- und Unterrichtsanlässen motivieren. Die Video-Clips sind als mp4-Dateien auf der im Buch eingelegten DVD-ROM enthalten. Sie können aber auch als kostenloser Download über einen Code oder über QR-Code heruntergeladen werden und sind auf DVD verfügbar. Die DVD enthält auch den Videotrainer mit Hör-Seh-Aufgaben zu den Video-Clips und die Transkripte. In allen Versionen können die Untertitel ein- und ausgeschaltet werden.

Lehrerhandbuch

Das Lehrerhandbuch gibt Informationen zum Aufbau und den didaktischen Schwerpunkten von *Linie 1*, bietet zu jeder Aufgabe im Kursbuchteil Unterrichtsvorschläge, Projekte und Erweiterungen (z. B. zur Binnendifferenzierung, zur Einbeziehung interkultureller Aspekte oder zum Einsatz neuer Medien) und einen Lösungsschlüssel für die Aufgaben. Im Anhang befinden sich zwei Kopiervorlagen pro Kapitel, ein didaktisches Glossars sowie eine Liste der behandelten Lernziele des Rahmencurriculums für Integrationskurse „Deutsch als Zweitsprache".

Digitales Unterrichtspaket

Das digitale Unterrichtspaket richtet sich an die Lehrenden und ermöglicht flexibles multimediales Vorbereiten und Unterrichten. Es enthält den kompletten Kurs- und Übungsbuchteil mit interaktiven Whiteboard-Werkzeugen, direkten Verlinkungen zu Audios, Videos und deren Transkripten sowie Verlinkungen zu den Unterrichtsvorschlägen des Lehrerhandbuchs und zu den Lösungen, alphabetische Wortlisten und Bildmaterial.
Das digitale Unterrichtspaket kann sowohl mit interaktiven Whiteboards, als auch über Beamer oder am PC/Laptop verwendet werden.

Linie 1 digital

Die Lernplattform BlinkLearning bietet *Linie 1* über eine Lizenz als digitale Ausgabe für Lehrende und Lernende an, über die Lehrkräfte online und offline Zugriff auf alle Inhalte haben, über ein Nachrichtenboard mit dem Kurs kommunizieren, Hausaufgaben verschicken sowie den Lernfortschritt einzelner Lernenden oder des gesamten Kurses verfolgen, verwalten und evaluieren können. Die Notengebung und Dokumentation erfolgt in einem objektiven und transparenten System. Zudem ermöglicht BlinkLearning eine effektive Binnendifferenzierung durch Zuweisung von individuell passenden Übungen. Die Lernenden erhalten direkt bei der Bearbeitung der interaktiven Übungen eine Korrektur.

Klett Augmented

Die App Klett Augmented bietet Audios und Videos zum direkten Abspielen und das PONS Online-Wörterbuch Deutsch als Fremdsprache. Durch einen Klick auf das Kamera-Symbol scannt man aktiv die gewünschte Seite und lädt alle Mediendateien automatisch.

Intensivtrainer

Im Intensivtrainer finden die Lernenden zusätzliche Übungen zu jedem Kapitel. Der Schwerpunkt liegt auf Wortschatz- und Grammatiktraining. Der Intensivtrainer eignet sich für das selbstständige Wiederholen und Vertiefen des Gelernten und enthält einen Lösungsschlüssel im Anhang.

Testheft

Das Testheft bereitet auf die Prüfungen nach dem „Gemeinsamen Europäischen Referenzrahmen für Sprachen" vor, im Fall von *Linie 1 A1* auf *Start Deutsch 1*. Im Testheft finden Lernende und Lehrende zusätzliche Übungen zu jedem Kapitel, die auch als Kapiteltests verwendet werden können.

Online-Material und Downloads

Ein breites Online-Angebot steht Lehrenden und Lernenden zur Verfügung und ermöglicht differenziertes und individualisiertes Lehren und Lernen: Online-Übungen für PC und Tablet, Arbeitsblätter und Kopiervorlagen, Kapiteltests, Lösungen, Transkripte, Glossare und Wortlisten, Zusatzaufgaben, Modelltests und Modellprüfungen, Arbeitsanweisungen in vielen Sprachen u.v.m.

Codes zum Download von Zusatzmaterialien unter www.klett-sprachen.de/linie1

A1 Kurs- und Übungsbuch Audios L1-a1&Sa
A1 Kurs- und Übungsbuch Videos L1-a1&dv
Modellprüfungen unter www.klett-sprachen.de
Bitte geben Sie in das Suchfeld ganz oben rechts auf der Webseite den folgenden Online-Zugangscode ein: 8yh59vh

Didaktische Schwerpunkte

Aufbau der Handlungskompetenz im Alltag

Die Themenauswahl und die Redemittel in *Linie 1 A1* orientieren sich an frequenten Schlüsselszenarien in Alltag und Beruf. Echte Themen zu authentischen Alltagssituationen bereiten die Lernenden auf reale Sprachsituationen im Alltag vor. Aktuelle, authentische Textsorten (E-Mails, Foren, Chats, Blogs) und alltagsrelevante, lernerzentrierte Themen (Alltag, Hobby, Familie, Arbeit, Gesundheit etc.) bilden die Grundlage für einen handlungsorientierten Unterricht. Die ergänzenden Video-Clips mit unterschiedlichen Alltagssituationen zu den jeweiligen Kapitelthemen unterstützen die Handlungsorientierung.

Didaktik der Hilfestellung – Ressourcenorientiertes Lehren

Linie 1 unterstützt die Lernenden darin, im deutschsprachigen Alltag aktiv zu handeln:
• Es vermittelt Wissen und Werkzeuge für sprachliches Handeln strukturiert und aktivierend.
• Es begleitet, stärkt, fordert, fördert und ermutigt die Lernenden.
• Es bietet Hilfestellungen an, um das Selbstbewusstsein der Lernenden zu stärken.
Übung geht in *Linie 1* vor Testen und die Lernenden erhalten (Hilfs-)Mittel, um Sicherheit im Sprachhandeln aufzubauen. Beispiele dafür sind die eindeutigen Arbeitsanweisungen, Musterdialoge als Audio und in den ersten Kapiteln auch in Textform, Redemittel zur Bewältigung der Aufgaben, gelenkte Produktion durch Anlösungen, eigene Regelfindung und visuelle Eindeutigkeit.

Ergonomisches Lernen – Schritt für Schritt lernen und Lernerfolge aktiv sichern

Auf der Auftaktseite bekommen die Lernenden neuen Input durch ansprechendes Bildmaterial und ersten Wortschatz aus dem Kapitel. Auf den nächsten Doppelseiten folgen Übung, Flüssigkeitstraining, Anwendung und Sprachhandeln. Die Aussprache wird in den Kontext integriert und die Grammatik induktiv vermittelt.
Am Ende von Lernsequenzen in den UND SIE?-Aufgaben aktiviert der Lernende das gerade Gelernte, indem er sprachlich als sich selbst agiert.
Jedes Kapitel schließt mit der Aufgabe VORHANG AUF, einer handlungsorientierten Aufgabe, bei der die Lernenden das Handeln in typischen Alltagssituationen szenisch nachspielen. Hier werden die produktiven Lernziele des Kapitels zusammen-fassend geübt. Die Lernenden können im geschützten Raum „wie" im realen Leben handeln. Das ist aktive Vorbereitung auf den Alltag in deutschsprachigen Ländern.
Auf die Kursbuchseiten jedes Kapitels folgt der Übungsteil. Dieser endet mit einer Übersichts- und Evaluationsseite zu allen Redemitteln und Strukturen.

Lernen in Szenarien

Viele Lernsequenzen sind als kleine Szenarien strukturiert, in denen alltägliche Kommunikationssituationen geübt werden. Handlungsorientierung prägt als Unterrichtsprinzip seit geraumer Zeit den Fremd- und Zweitsprachenunterricht. Der Begriff Szenario bezieht sich einerseits auf eine Art des Unterrichts, der die Lernenden nicht als passive Rezipienten von Informationen, sondern als aktiv handelnde, selbst entscheidende und miteinander interagierende Menschen versteht. Eine Reihe von handlungsorientierten Unterrichtsmethoden (Projektarbeit, Stationenlernen, Pro- und Kontra-Diskussionen u.a.m.) sollen die geistige Verarbeitung und Aneignung der Lerninhalte fördern. Der Begriff Handlungsorientierung weist andererseits über den Unterricht hinaus in den Alltag der Lernenden bzw. in die kommunikativen Zusammenhänge, in denen Lernende sprachlich handeln und ihre neu erworbenen Sprachkenntnisse anwenden wollen und müssen. Hier kommt der „Szenario-Ansatz" als didaktisch-methodisches Konzept zum Tragen. Er basiert auf der Wahrnehmung, dass sich Kommunikation in alltäglichen Handlungszusammenhängen selten auf eine einzige Situation beschränkt, sondern in der Regel in Handlungsabläufen bzw. Handlungsschritten stattfindet: Einem gemeinsamen Kinobesuch geht die mündliche oder schriftliche Verabredung voraus, einer Terminabsprache folgt der Arztbesuch und anschließende Gang zur Apotheke, einem Konflikt im beruflichen Kontext ist möglicherweise ein Missverständnis vorausgegangen, es werden weitere Handlungsschritte (Gespräch mit anderen Kollegen, dem Betriebsrat, ein Schreiben an die Geschäftsführung usw.) folgen. Der Szenario-Ansatz will solche Handlungsketten für den Unterricht nutzbar machen und durch größtmögliche Lebens- und Praxisnähe die sprachliche Handlungsfähigkeit im Alltag fördern.
In *Linie 1* ist dieser Ansatz, soweit dies sinnvoll erschien, aufgegriffen. Die Kapitel zeigen Handlungsketten (oder „Stories") mit einem jeweils eigenen Personal, das in den jeweiligen Situationen handelt und dabei eine Reihe von kommunikativen Aufgaben bewältigt. Diese wiederum dienen den Lernenden als Modell und Anlass, die Sprachhandlungen selbst zu üben und anzuwenden.

Binnendifferenzierung

Linie 1 bietet in den Kapiteln eine große Vielfalt an Aufgaben an, die unterschiedliche Lerntypen ansprechen und binnendifferenziertes Unterrichten ermöglichen. Mehr Lerner erreichen das Ziel, weil es für sie passende Lernwege gibt.

Das Kurs- und Übungsbuch bietet Wahlmöglichkeiten für unterschiedliche Lernwege in den Aufgaben, z. B. nach Lerntyp, nach Schwierigkeit, nach Interessen, nach Fertigkeiten und nach Sozialform.

Aufgaben mit der Anweisung „Wählen Sie" fordern die Lernenden direkt auf, die Aufgabe entsprechend ihrer sprachlichen Kompetenz und ihrem Interesse zu wählen. Haltestellen und Übungsbuchteil sind ebenfalls so aufgebaut, dass der Lernprozess je nach Voraussetzung der Lernenden verlangsamt, vertieft oder differenziert werden kann. Darüber hinaus gibt es im Lehrerhandbuch eine große Auswahl an Erweiterungen, Varianten, Spielen und Projekten, die eine Differenzierung nach Qualität und Quantität so wie eine Individualisierung nach Themen, Interessen, Lerntyp und Fertigkeit ermöglichen.

Beruf von Anfang an

Berufliche Themen und Redemittel werden in *Linie 1* von Anfang an als Teil des Alltags gesehen und in jedes Kapitel integriert. So wird der wachsenden Gruppe von Lernenden, die einen höheren Abschluss anstreben, Rechnung getragen. Sprachhandeln wird demzufolge im alltäglichen und beruflichen Kontext vermittelt. Ein **Intensivtrainer für den Beruf** für die Niveaustufen A2, B1 und B2 ermöglicht darüber hinaus von Beginn an die Vertiefung der Schwerpunktbildung Beruf.

Prüfungsvorbereitung

Die Vorbereitung auf Testformate und Prüfungen findet von Anfang an statt: in den Testtrainings, thematisch an den Kurskapiteln angebunden, in den Aufgaben im Testformat im Kurs- und Übungsbuch sowie in den Testheften. Das gibt Lehrenden und Lernenden Sicherheit in der Selbsteinschätzung (Wo stehe ich? Was kann ich? Erreiche ich das Kursziel?).

Video-Clips als Sprech- und Denkanlass

Am Ende der Kapitel wird auf die Video-Clips verwiesen. Diese Clips trainieren das Hör-Seh-Verstehen, dienen als Sprech- und Denkanlass und geben Vorbilder für die Alltagsbewältigung. Sie enthalten kurze abgeschlossene Situationen aus dem Alltag mit witzigen Wendungen. Die einzelnen Clips sind in sich geschlossen und nehmen mit bewegten Bildern viele der Themen/Lernziele der jeweiligen Kapitel auf. Sie sind Motivationsschub, der in Spracharbeit überführt wird. Mit wiederkehrenden Darstellern lassen sie eine lockere Story in den Köpfen der Zuschauer entstehen.

Interkulturelles Lernen

Linie 1 ist vom Personal her interkulturell ausgerichtet. Die Personen dienen somit als Identifikationsfiguren. Interkulturelles Lernen wird auch dadurch angeregt, dass die Lernenden immer wieder über ihre Herkunftsländer sprechen und Vergleiche mit den deutschsprachigen Ländern oder den Herkunftsländern der anderen Teilnehmenden anstellen. Darüber hinaus gibt es im Lehrerhandbuch unter dem Stichwort „Interkulturelle Perspektive" an passenden Stellen zu den Kapiteln Anregungen zum interkulturellen Lernen.

Grammatik

Die Grammatik wird in *Linie 1* kontextgebunden und kommunikationsrelevant eingeführt. In den sogenannten Fokus-Kästen ergänzen die Lernenden Strukturen und Paradigmen selbst und aktiv und werden dadurch zu eigenen Regelfindung ermutigt. Die Grammatik findet sich sowohl portionsweise im Kapitel an Ort und Stelle, also dort, wo sie eingeführt wird, als auch in der Grammatikübersicht am Ende des Kapitels und in einer Gesamtübersicht im Anhang des Buches. Zu jedem Kapitel findet man auf der **Linie-1-Homepage** zahlreiche Grammatik-Kopiervorlagen.

Hinweise zur Arbeit mit dem Lehrerhandbuch

Das Lehrerhandbuch enthält Erläuterungen zu den Aufgaben im Kursbuchteil, die die Planung, Vorbereitung und Durchführung des Unterrichts unterstützen.

Zu jedem Kapitel gibt es zunächst eine Übersicht über die Lernziele und die Lerninhalte des Kapitels. Die Lernziele richten sich nach dem „Gemeinsamen europäischen Referenzrahmen für Sprachen" und dem Rahmencurriculum für Integrationskurse „Deutsch als Zweitsprache". Im Anschluss daran folgen jeweils Erläuterungen zu den Aufgaben im Kursbuchteil. Hier wird der Ablauf der einzelnen Aufgaben verdeutlicht und es werden Vorschläge für Erweiterungen und Varianten gemacht. Dort, wo Aufgaben aus dem Übungsbuchteil sich für den Unterricht anbieten, z. B. zur Binnendifferenzierung, sind diese ebenfalls mit aufgeführt. Darüber hinaus gibt es in der rechten Spalte jeweils Hinweise zum Einsatz von Audio- und Video-Material, Interaktiven Tafelbildern und ggf. weiteren benötigten Materialien.

Im Anhang befinden sich zu jedem Kapitel zwei Kopiervorlagen, ein didaktisches Glossar und eine Übersicht über die Verteilung der Lernziele des Rahmencurriculums für Integrationskurse „Deutsch als Zweitsprache" auf die Kapitel.

Abkürzungen im Lehrerhandbuch

TN = (Kurs-)Teilnehmer/-in bzw. (Kurs-)Teilnehmer/-innen
KL = Kursleiter/-in

EA = Einzelarbeit
PA = Partnerarbeit
GA = Gruppenarbeit
PL = Plenum

KB = Kursbuchteil
ÜB = Übungsteil des Kursbuches
KV = Kopiervorlage
LHB = Lehrerhandbuch
IAW = Interactive Whiteboard
WS = Wortschatz
▶ = Verweis auf das Glossar
* = Lernziel des Rahmencurriculums für Integrationskurse „Deutsch als Zweitsprache"

1 Herzlich willkommen!

Sprachhandlungen

Sprechen	sich begrüßen und verabschieden; sich mit Namen, Adresse und Wohnort vorstellen; eine andere Person vorstellen; buchstabieren; nach Namen, Herkunft und Wohnort fragen; die Telefonnummer sagen
Hören	Angaben zu Herkunft und Wohnort verstehen
Schreiben	ein Formular ausfüllen*
Lesen	ein Anmeldungsgespräch verstehen
Beruf	sich in der Firma anmelden

Lerninhalte

Redemittel	Guten Tag! Auf Wiedersehen!; Das ist Herr Puente aus Spanien.; Wie heißen Sie? Ich bin Eleni.; Woher kommst du? Ich komme aus Polen.; Wo wohnen Sie?; Wie ist Ihre Telefonnummer?
Wortschatz	Fragewörter *(Wie?, Wo?, Woher? Wer?)*; Zahlen von 0–10; Länder und Sprachen
Grammatik	Verben *(sein, kommen, wohnen, heißen)* und Personalpronomen *(ich, du, er/sie, Sie)*; W-Frage; Aussagesatz; Präpositionen *(in, aus)*
Aussprache	Satzmelodie

Erläuterungen zum Unterricht		Materialien
Einstieg	KL lässt TN Namen auf Papierschilder schreiben, TN stellen Schilder vor sich auf den Tisch. KL schreibt: *Ich heiße* … + Namen an Tafel und stellt sich vor.	Namensschilder, Stifte
1a	KL zeigt Fotos, schreibt *Deutschland* an Tafel/IAW und fragt TN, welches Foto zu Deutschland passt. KL zeigt, was ankreuzen bedeutet und lässt TN das passende Bild ankreuzen. Vergleich im PL. **Lösung:** Foto A, B und D (C: Begrüßungsform in Japan)	
1b	KL fragt: „Welches Foto passt?" und spielt den ersten Dialog vor. TN ordnen die erste Sprechblase im PL zu. KL spielt den zweiten Dialog vor. TN ordnen das passende Foto zu. Nochmaliges Hören und Vergleich im PL. **Lösung:** A: 1+4, D: 2+3	CD: Track 1.2–3
1c	KL begrüßt einen TN und bittet diesen zu antworten. Dann bittet KL TN aufzustehen, im Kursraum herumzugehen und die anderen TN zu begrüßen. ERWEITERUNG (Inland): KL fragt TN: „Wie begrüßt man sich bei Ihnen?" TN zeigen, wie man sich in ihrem Heimatland begrüßt.	

Erläuterungen zum Unterricht		Materialien
2a	KL stellt sich vor und schreibt an Tafel/IAW: *Guten Tag, ich heiße* … KL fragt einen TN nach dem Namen und ergänzt Frage und Antwort an Tafel/IAW: *Wie heißen Sie? Ich heiße … (Name TN).* TN betrachten das Bild und hören die Dialoge. Je zwei TN lesen einen der in den Sprechblasen abgebildeten Dialoge im PL vor, dann lesen die TN die Sprechblasen laut in PA. Übung im ▸ **Kugellager:** Dialoge wie in 2a.	CD: Track 1.4
2b	KL zeigt die ersten drei Illustrationen an Tafel/IAW und schreibt die passende Begrüßungsform dazu. TN hören die Begrüßungs- und Verabschiedungsformen von der CD und sprechen nach. KL verdeutlicht mimisch den Unterschied zwischen formeller und informeller Verabschiedung, hier noch ohne explizite Erklärung.	CD: Track 1.5
2c	Zur Vorentlastung bearbeiten TN ÜB 2b. (BINNENDIFFERENZIERUNG: Schnellere TN schreiben einen weiteren Dialog.) Jeder TN erhält ein Kärtchen, das eine Tageszeit darstellt. Übung als ▸ **Ballrunde:** A grüßt mit passender Grußformel, stellt sich vor und fragt nach dem Namen, B antwortet, wählt einen neuen TN aus usw. Bei großen Gruppen GA (4 TN). ERWEITERUNG (Inland): TN entwickeln gemeinsam ein Kursplakat, auf dem die Grußformen sowohl auf Deutsch als auch auf allen im Kurs vertretenen Sprachen gesammelt werden.	KV Ball

	Erläuterungen zum Unterricht	**Materialien**
3a	TN hören die Dialoge und ordnen die Fotos zu. TN lesen die Dialoge in GA (3 TN). **Lösung:** A2, B1	CD: Track 1.6–7
3b	KL schreibt *ich*, *du* und *Sie* an und erklärt pantomimisch die Bedeutung: Bei *ich* zeigt KL auf sich, bei *du* verhält KL sich locker, verwendet den Vornamen und zeigt auf einen TN, den KL direkt anschaut, und bei *Sie* verhält KL sich formell verwendet den Nachnamen. KL schreibt/zeigt Dialog 1 an Tafel/IAW und fragt TN, was im ersten Satz markiert werden soll. Den ersten Satz lösen TN im PL. TN markieren in EA die Personalpronomen *ich, du, Sie* und die Verbformen in den Dialogen und vergleichen ihre Lösungen in PA. KL markiert die Lösungen auf Zuruf an Tafel/IAW. **Lösung:** 1. Ich heiße, heißen Sie, Sie sind; 2. ich bin, bist du, Ich heiße, Ich bin, heißt du	
3c	TN ergänzen in EA die Lücken und vergleichen ihre Lösungen im PL. **Lösung:** Sie, Ich; du, Ich	
3d	KL schreibt/projiziert den Fokuskasten an Tafel/IAW. TN ergänzen die Tabelle mithilfe der Dialoge aus 3a in EA und zum Vergleich im PL an Tafel/IAW. **Lösung:** heißen = ich heiße, du heißt, Sie heißen; sein = ich bin, du bist, Sie sind	
3e	KL schreibt/projiziert die Sätze an Tafel/IAW und erklärt mithilfe der Satzzeichen und Pfeile die Satzmelodie. Bei Aussagen fällt die Melodie am Satzende, bei Fragen steigt sie. KL spricht die Sätze übertrieben vor und zeigt mit den Händen die Melodie an. TN sprechen nach.	CD: Track 1.8
UND SIE?	TN schreiben in PA einen Dialog in *Sie*- oder *Du*-Form. TN lesen ihre Dialoge im PL vor. KL fordert die anderen TN auf zu hören, ob der Dialog in der *Sie*-Form oder *Du*-Form war, und fragt, woran sie es gemerkt haben. BINNENDIFFERENZIERUNG: Schnellere TN schreiben zwei Dialoge (beide Formen).	

	Erläuterungen zum Unterricht	**Materialien**
4a	KL schreibt *Land* an die Tafel und fragt, welche Länder TN kennen. TN markieren alle ihnen bekannten Länder im Wortbild und tauschen sich in PA aus. KL liest die Länder im Wortbild vor und TN sprechen nach. KL fragt TN, in welchen Ländern Deutsch gesprochen wird. ERWEITERUNG (Inland): TN erstellen in GA ein ▶ **Wortbild** zu den im Kurs vertretenen Ländern und stellen es vor. KL übt mit TN die Aussprache.	
4b	KL schreibt *Stadt* an die Tafel und erklärt die Bedeutung anhand des Kursortes. TN hören und ordnen die Länder und Städte den Personen zu. **Lösung:** 2. Dana Nowak, Polen, Lublin. 3. Amir Mazaad, Syrien, Tartus. 4. Ben Bieber, die USA, Chicago. 5. Noor Goyal, Indien, Chennai. BINNENDIFFERENZIERUNG: Langsamere TN ordnen nur die Länder zu.	CD: Track 1.9–13
4c	KL hängt eine Weltkarte auf. TN schreiben Heimatländer und Heimatstädte auf Moderationskarten. KL hilft bei Bedarf. Dann schreibt KL Woher kommst du? – Ich komme aus Deutschland, aus … an und markiert *Woher* und *komme aus*, um den Zusammenhang deutlich zu machen. KL befestigt das eigene Kärtchen an der Weltkarte und wiederholt: „Ich komme aus Deutschland, aus … (Stadt)." KL fragt einen TN: „Woher kommst du?" TN antwortet, befestigt sein Kärtchen an der Weltkarte, fragt nächsten TN usw.	

	Erläuterungen zum Unterricht	**Materialien**
5a	KL schreibt/projiziert das ABC an Tafel/IAW. TN hören das ABC und lesen mit. Dann entscheiden sie, ob sie lieber mitsprechen oder mitsingen. ERWEITERUNG: KL sprechen das ABC mit TN in unterschiedlichen Rhythmen und Tempi.	CD: Track 1.14–15
5b	Vorab bearbeiten TN optional ÜB 5a+b. TN buchstabieren Ländernamen, die anderen TN raten, wie das Land heißt. VARIANTE: TN schreiben Ländernamen auf einen Zettel. Die Zettel werden gemischt und neu verteilt. Ein TN buchstabiert das Land, das auf dem Zettel steht, die anderen raten. Wer zuerst das Land errät, ist als Nächstes dran usw.	

Erläuterungen zum Unterricht	Materialien
6a TN hören die Dialoge und notieren die Namen. Vergleich im PL. **Lösung:** 1 Frau Dahms, 2 Pablo (Puente)	CD: Track 1.16–17

6a ERWEITERUNG: Beim ersten Hören achten TN darauf, welcher Dialog in *Sie-* und in *Du*-Form ist. Erst beim zweiten Hören notieren sie dann die Namen.

6b KL liest Dialog 1 mit einem TN laut im PL. Dann lesen TN die Dialoge in PA laut. KL ermutigt sie zu schauspielern. Je zwei TN lesen einen Dialog im PL vor.

6c KL schreibt/projiziert den ersten Satz von Dialog 1 an Tafel/IAW, erklärt die Begriffe Verb und Personalpronomen und markiert diese im Satz. Dabei verdeutlicht KL den Zusammenhang zwischen Personalpronomen und Verb-Endung durch farbliche Hervorhebung. TN markieren in EA alle Verben in den Dialogen und ergänzen die Verb-Endungen im Fokus. Zum Vergleich ergänzen TN im PL den Fokuskasten an Tafel/IAW.
Lösung: ich komme, du kommst, Sie kommen; ich wohne, du wohnst, Sie wohnen

ERWEITERUNG: KL schreibt *Wo* wohnst du? an und ergänzt *Ich* wohne in ... Dabei verdeutlicht KL durch farbige Markierung den Zusammenhang zwischen *Wo ...?* und *wohnen in* . TN fragen sich gegenseitig.

Erläuterungen zum Unterricht	Materialien

7a Zwei TN lesen die Texte vor. KL erklärt den Unterschied zwischen *er* = Mann und *sie* = Frau anhand von Zeichnungen und Namen. TN ergänzen in EA die Verbformen im Fokus. Vergleich im PL. KL weist auf die regelmäßigen Endungen bei *kommen* und *wohnen* hin und erklärt, dass bei *heißen* in der 2. Pers. Sg. bei der Verb-Endung das *s* wegfällt, da ein *ß* vorhanden ist und dass das Verb *sein* unregelmäßig ist.
Lösung: kommen = er/sie kommt, wohnen = er/sie wohnt, sein = er/sie ist

7b TN ergänzen die passenden Verbformen oder Personalpronomen.
Lösung: kommt, Er; wohnt, Sie

BINNENDIFFERENZIERUNG: Schnellere TN schreiben weitere Sätze zu einer der Personen aus dem KB.

UND SIE? Zur Vorentlastung bearbeiten TN optional ÜB 7a. KL schreibt Redemittel für das Interview an Tafel/IAW (Frage und eine Antwort eines TN):

Name	*Heimatland*	*Wohnort*
Wer bist du? Wie heißt du?	*Wo wohnst du?*	*Woher kommst du?*
Ich bin ...	*Ich wohne in ...*	*Ich komme aus ...*

KL fordert TN auf, herumzugehen, drei TN zu interviewen und die Antworten zu notieren (ca. 5 Min.). Dann ergänzt KL die Redemittel im vorhandenen TB und weist noch einmal auf den Unterschied zwischen *er* und *sie* hin:
Das ist ...   Er/Sie kommt *aus ...   Er/Sie* wohnt *in ...*

BINNENDIFFERENZIERUNG: Zur Vorbereitung der Vorstellungsrunde im PL schreiben langsamere TN ganze Sätze zur interviewten Person ins Heft. Schnellere TN bearbeiten in der Zeit ÜB 7b. TN stellen je eine Person im PL vor und schreiben Name, Heimatland und Wohnort in eine Kursliste an der Tafel:

Name	*Heimatland*	*Wohnort*
Anna	*Polen*	*München*

...

ERWEITERUNG/RATESPIEL: TN füllen einen Steckbrief mit ihren Daten aus. KL sammelt die Steckbriefe ein und verteilt sie neu. TN stellen die Person vor, deren Steckbrief sie erhalten haben, ohne den Namen zu nennen. Die anderen TN raten.   KV

Erläuterungen zum Unterricht	Materialien
8a	TN schauen sich die Bilder an. KL fragt „Wo ist das?" und „Wer ist das?". TN äußern Vermutungen. TN hören den Dialog und ordnen das passende Bild zu. **Lösung:** Foto A VARIANTE (IAW): Bücher sind zu. KL zeigt nur die Bilder vor dem ersten Hören. Weiter wie oben.	CD: Track 1.18
8b	TN hören den Dialog, lesen im KB mit und ergänzen das Formular. Vergleich im PL. **Lösung:** Eleni, Rumänien, Blumenstraße 4, 80331 München, 089 63822392 BINNENDIFFERENZIERUNG: Schnellere TN bearbeiten auch ÜB 8a.	
8c	TN hören die Zahlen von 0 bis 10 und lesen im Buch mit. ERWEITERUNG: KL zeigt die Zahlen mit der Hand und spricht vor, TN sprechen nach. Dann zeigt KL mit den Fingern eine beliebige Zahl (von 0 bis 10) und TN benennen sie. TN üben in PA: A zeigt mit den Fingern eine Zahl an, B nennt die Zahl und zeigt mit den Fingern eine neue Zahl an, A nennt die Zahl usw.	CD: Track 1.19
UND SIE?	KL schreibt/projiziert die Fragen an Tafel/IAW. TN interviewen sich gegenseitig.	

Erläuterungen zum Unterricht	Materialien
9a	Mithilfe der Satzzeichen („?" und „.") erklärt KL, was *Frage* und *Antwort* auf Deutsch bedeuten, zunächst noch ohne auf die Verbposition einzugehen. Die Fragewörter (*wie?, wer?, wo?, woher?*) schreibt KL ebenfalls an. TN suchen in PA je drei Fragen und drei Antworten aus Kapitel 1 heraus, schreiben diese ins Heft und markieren das Verb.	
9b	TN lesen die Beispielsätze im Fokuskasten. KL fragt: „Wo steht das Verb?" Dazu wird der Fokuskasten angeschrieben/auf IAW projiziert und die Verben markiert. TN schreiben ihre Sätze in den Fokuskasten und achten dabei auf die Verbposition. Anschließend werden alle Sätze an Tafel/IAW gesammelt. ERWEITERUNG: TN erstellen in Gruppen (3/4 TN) ein Poster mit Fragen und Antworten.	
9c	PL oder GA: TN erarbeiten die Sätze in Form von ▶ **lebenden Sätzen**. **Lösung:** 2. Wie ist Ihr Familienname? 3. Wo wohnst du? 4. Ich wohne in Deutschland. 5. Woher kommen Sie? 6. Ich heiße Helge.	KV
9d	TN lesen den Dialog, ergänzen die Fragen und hören den Dialog zur Kontrolle. Dann lesen TN den Dialog in PA. **Lösung:** Guten Tag, wie heißen Sie, bitte?, Pablo, also P-a-b-l-o?, Und wie ist Ihr Familienname?, Wo wohnen Sie?, Wie ist Ihre Telefonnummer?	CD: Track 1.20
9e	TN spielen in PA Dialoge 9d, wobei sie Pablos Daten durch ihre persönlichen Daten/Angaben ersetzen.	
VORHANG AUF	In PA: In dieser handlungsorientierten Übung wählt jedes Paar eine Abbildung und schreibt dazu einen Dialog. Anschließend spielt das Paar den Dialog im PL vor, die anderen TN raten, welche Abbildung dazu passt.	Video K1

2 Kontakte

Lernziele/Sprachhandlungen

Sprechen	nach Telefonnummer und E-Mail-Adresse fragen; Zahlen von 0–100 im Alltag nennen und verstehen*; nach Sprache und Nationalität fragen; persönliche Angaben machen*
Hören	Telefonnummern und Dialoge zum Kennenlernen verstehen
Schreiben	über sich selbst berichten
Lesen	Informationen über den Deutschkurs / die Firma verstehen
Beruf	Berufsbezeichnungen, Informationen über eine Firma verstehen

Lerninhalte

Redemittel	Wie ist Ihre E-Mail-Adresse?; Hast du Skype?; Ich spreche Portugiesisch und lerne Deutsch.; Kyra ist Griechin.; Was bist du von Beruf?; Wie alt bist du?
Wortschatz	Sprachen und Nationalitäten; Berufe; Fragewörter *(Was?)*; Zahlen von 11–100
Grammatik	Personalpronomen und Konjugation *(wir, ihr)*, Verben *(haben, sprechen, lernen)*; Ja/Nein-Fragen und Antworten
Aussprache	Satzmelodie; betonte Silben

	Erläuterungen zum Unterricht	Materialien
1a	KL fragt TN, wen sie auf den Fotos sehen (Pablo und Nesrin sind bereits bekannt). TN hören die Dialoge und nummerieren die Fotos in der richtigen Reihenfolge. Vergleich im PL. **Lösung:** A1, B2, C3	CD: Track 1.31
	ERWEITERUNG: KL fragt TN, was sie auf den Fotos sehen. Vor dem ersten Hören wird Wortschatz zu den Fotos an der Tafel gesammelt (*Büro, Chef* etc.)	
1b	TN lesen die Sätze. Dann hören sie den Dialog noch einmal und kreuzen an, wer was sagt. Vergleich der Lösung im PL. **Lösung:** Wie bitte? Bitte noch einmal langsam. = Nesrin; Vielen Dank, auf Wiederhören. = Nesrin; Kein Problem! = Herr Müller; Die Telefonnummer ist falsch. = Nesrin; Das ist der Chef! = Pablo	
1c	TN schauen sich die Bilder an und KL erklärt, wie man sich in Deutschland am Telefon meldet. TN berichten, was sie in ihren Herkunftssprachen/-kulturen sagen (interkulturelle Perspektive).	

	Erläuterungen zum Unterricht	Materialien
2a	KL schreibt *Vorwahl, Vorname, Familienname, Telefonnummer* an und klärt die Bedeutung, z. B. anhand der Vorwahl des Kursortes. TN lösen die Aufgabe und vergleichen im PL. Im Anschluss ÜB 2a und b (Wortschatztraining). **Lösung:** 1. 089, 2. Pablo, 3. Puente, 4. 9334037	
2b	TN hören die Dialoge und notieren die Telefonnummern. Ein TN liest zur Kontrolle die Lösung vor, ein anderer schreibt sie an. **Lösung:** Pablo: 0-1-5-1 – 5-0-9-7-4-4-5; Dana: 0-8-9 – 45-83-66; Tian: 0-8-9 – 58-46-30	CD: Track 1.32–33
2c	KL schreibt an Tafel/IAW eine *13* als Zahl und darunter das Wort (TB wie im KB über IAW einsetzen) und erklärt, dass man die Zahlen (13–99) von hinten nach vorne liest. KL wiederholt die Erklärung mit der *23*. TN hören die Zahlen und ergänzen sie. KL ergänzt die Zahlen an Tafel/IAW. **Lösung:** 11, 12, 13, 16, 17, 20, 21, 22, 30, 31, 40, 50, 60, 70, 100	CD: Track 1.34
	WIEDERHOLUNG/BINNENDIFFERENZIERUNG (für TN mit Schwierigkeiten mit den Zahlen 1–12): Ein TN würfelt mit zwei Würfeln, der andere liest die Zahl vor, die sich aus der Summe der beiden ergibt (z. B. 3 + 6 = 9). Varianten für schnellere TN: A nennt eine Zahl, B nennt die Umkehrzahl usw. Dann weiter wie im KB.	Würfel
	ERWEITERUNG/SPIEL: KL verteilt Zettel mit den Zahlen von 1–20 (oder mehr/weniger Zahlen, je nach Kursgröße). KL beginnt mit *1*, TN mit *2* macht weiter, dann *3* usw. Das Durchzählen ggf. in schnellerem Tempo wiederholen.	Zettel mit Zahlen
2d	TB/IAW: Zahlen wie im KB. TN hören die Zahlen und sprechen sie nach. KL deutet an der Tafel / am IAW auf die jeweils genannte Zahl.	CD: Track 1.35

2e	KL schreibt *13* und *30* als Ziffern an. TN hören die erste Aufgabe und sagen, welche Zahl sie hören. Zur Verdeutlichung des Unterschieds zwischen den Zahlen, schreibt KL die beiden Zahlen in Textform an. TN hören die Zahlen und kreuzen an. Vergleich in PA: TN lesen beide Zahlen laut. Dann Vergleich im PL: Ein TN liest vor, ein anderer schreibt die Zahl an die Tafel. **Lösung:** 1. 30, 2. 25, 3. 16, 4. 91, 5. 56, 6. 80	CD: Track 1.36
2f	KL zeigt TN die Aufgabe anhand der ersten zwei Zahlen: lautes Klatschen in die Hände auf dem Wortakzent, leises Klopfen auf den Arm auf den anderen Wortsilben. TN hören die Zahlen, klatschen und sprechen nach.	CD: Track 1.37
	ERWEITERUNG/BINNENDIFFERENZIERUNG: TN üben in PA, wobei TN wählen, ob sie die Zahlen wiederholen oder mit selbstgewählten Zahlen üben. ERWEITERUNG/SPIEL (BINGO): Jede/r TN erhält ein Bingo-Blatt und trägt in das erste Quadrat neun Zahlen aus bestimmtem Zahlenbereich ein (1–20, 20–40 …; 1–50; 1–100). KL (später ein/e TN) nennt die Zahlen auf seinem/ihrem Blatt. TN markieren auf ihrem Blatt. Wer zuerst alle neun Zahlen im Quadrat angekreuzt hat, ruft „Bingo", hat gewonnen – wenn alles richtig angekreuzt ist – und übernimmt in der nächsten Runde die Rolle des Spielleiters/der Spielleiterin.	KV
2g	Bei der Differenzierungsaufgabe bilden TN Paare mit TN, die die gleiche Aufgabe gewählt haben. Zahlenpaare: TN schreiben eine Zahl auf ein Kärtchen. Sie gehen im Kursraum herum, suchen Partner und nennen ihre Zahlenpaare (z. B. 3 und 7 = 37 und 73). Sie tauschen die Kärtchen aus und suchen weitere Partner. Telefonanrufe: TN variieren den Dialog, indem sie ihre Namen und Telefonnummern verwenden.	Kärtchen

Erläuterungen zum Unterricht		**Materialien**
3a	KL fragt, wer die Personen auf dem Foto sind, wo sie sind und was sie machen. KL schreibt *Handynummer, E-Mail, Skype-Name* an Tafel/IAW und fragt nach der Bedeutung. TN ordnen in EA 1–3 A–C zu und vergleichen im PL. **Lösung:** 1C, 2A, 3B	
3b	TN lesen die Fragen. Sie hören die drei Dialoge, kreuzen an und vergleichen im PL. KL erklärt die Konjugation von *haben* im Grammatikkasten. **Lösung:** 1. nein, 2. nein, 3. ja, 4. ja, 5. nein	CD: Track 1.38–40
3c	Zur Wiederholung der Verbposition im Aussagesatz fragt KL einen TN „Bist du bei Facebook?", schreibt die Antwort (z. B.: „Ja, ich bin bei Facebook.") an und fragt, wo das Verb steht. Dann schreibt KL die Frage *Bist du bei Facebook?* an und fragt, was hier neu ist (Verb auf Position 1). TN schauen sich die Tabelle an und ergänzen Fragen und Antworten. **Lösung:** Hat Dana Skype? Ja, Dana hat Skype. Nein, Skype hat sie nicht.	
3d	KL erklärt, dass die Satzmelodie bei Fragen am Ende nach oben, bei Antworten nach unten geht (Pfeil!). KL spricht den ersten Satz übertrieben vor und zeigt mit der Hand Satzmelodie an. TN hören die Sätze und sprechen nach.	CD: Track 1.41
3e	TN schreiben die Fragen in EA ins Heft. **Lösung:** 2. Bist du bei Facebook? 3. Hast du Skype? 4. Haben Sie WhatsApp?	
	ERWEITERUNG: Lösung von Satz 1 als ▶ **lebender Satz**. Dann wie oben. BINNENDIFFERENZIERUNG: Schnellere TN schreiben auch die Antworten auf und/oder bearbeiten ÜB 3d. Langsamere TN erhalten verschüttelte Sätze mit konjugierten Verben und konzentrieren sich auf die Positionen im Satz.	
UND SIE?	KL schreibt *Wie ist deine E-Mail-Adresse?* an, sowie die eigene E-Mail-Adresse und führt *Punkt, Unterstrich, Minus, @* ein. Vorentlastung: ÜB 3e. GA (3 TN): Jede Gruppe erhält Kärtchen mit Symbolen. A zieht ein Kärtchen und stellt B die passende Frage, B antwortet, zieht ein Kärtchen und stellt C Frage usw.	Kärtchen mit Symbolen

	Erläuterungen zum Unterricht	**Materialien**
4a	Nach der Besprechung der Fotos hören und lesen TN die Dialoge und ordnen sie den Fotos zu. Die Dialoge werden in GA geübt und im PL vorgelesen. **Lösung:** A3, B1, C2	CD: Track 1.42–44
4b	TN lesen die Dialoge noch einmal und ordnen Namen und Sätze einander zu. **Lösung:** 1e, 3b, 4a, 5d	
4c	Vorentlastung und Wiederholung bekannter Verbformen: ÜB 4a. KL schreibt ersten Satz aus Dialog 1 an und fragt nach Verb im Satz und markiert es. TB: 　　　Verb *Wie heißt du?* TN markieren in EA alle Verbformen, ergänzen die Tabelle. Vergleich im PL. KL erklärt die Bedeutung der Personalpronomen *wir* (KL weist auf sich und weitere TN) und *ihr* (KL weist auf andere TN). Hinweis auf Vokalwechsel bei *sprechen*: Die Konjugation von *sprechen* wird angeschrieben. KL fragt, was neu ist und bei welchen Personen der Vokal wechselt. TB: *sprechen: bei du + er/es/sie = e ▶ i* **Lösung:** wir lernen, ich spreche, du sprichst, ihr sprecht, ich bin, er/es/sie ist, sie/Sie sind	
4d	GA (3–4 TN): TN schreiben eigene Sätze auf, zerschneiden sie, mischen die Schnipsel und bilden dann möglichst viele neue Sätze.	Kärtchen, Schere

	Erläuterungen zum Unterricht	**Materialien**
5a	KL schreibt *Land, Sprache, Nationalität* an und erklärt an Beispielen die Bedeutung. TN lesen die Dialoge in 4a noch einmal und ergänzen die Tabelle. Für das eigene Land etc. verwenden sie, wenn nötig, das Wörterbuch. **Lösung:** Deutschland, Deutsch; Polen, Polnisch; Spanisch, der Spanier	
	BINNENDIFFERENZIERUNG: TN, die schnell fertig sind, machen ÜB 5a. INTERKULTURELLE PERSPEKTIVE: Vergleich der Lösung im PL. Dann Erstellung einer Tabelle mit den Herkunftsländern, Sprachen und Nationalitäten der TN.	
5b	KL schreibt <u>Deutsch</u>land an, spricht das Wort vor, fragt nach dem Wortakzent, markiert ihn und verdeutlicht ihn mithilfe von Silbenklatschen. TN hören die Wörter und unterstreichen den Wortakzent. Beim zweiten Hören sprechen TN die Wörter nach und vergleichen ihre Lösungen im PL. **Lösung:** <u>Po</u>len, I<u>ta</u>lien, Por<u>tu</u>gal, <u>Sy</u>rien, Grie<u>chen</u>land <u>Deutsch</u>, <u>Pol</u>nisch, Ita<u>lie</u>nisch, Portu<u>gie</u>sisch, <u>Ara</u>bisch, <u>Grie</u>chisch	CD: Track 1.45
	INTERKULTURELLE PERSPEKTIVE: KL spricht die Herkunftsländer der TN vor, TN sprechen und klatschen nach und markieren den Wortakzent.	
5c	Tafel/IAW: *Welche Sprache sprichst du? Ich spreche …* ▶ **Ballrunde:** KL wirft einem TN den Ball zu und sagt: „Ich spreche Deutsch, Englisch und … Welche Sprache sprichst du?" TN antwortet und setzt die Ballrunde fort.	Ball
5d	TN lesen den Text und ergänzen die Wörter. Vergleich im PL. **Lösung:** komme, bin, spreche, lerne, sind, lernen	
UND SIE?	Bei der Differenzierungsaufgabe wählen die TN eine der Varianten. EA: TN schreiben einen Text über sich und verwenden die Redemittel, die sie bisher gelernt haben. GA (3–4 TN, Gruppenbildung ggf. nach Herkunftsland/-region): TN schreiben den Text in der Wir-Form. Ein TN aus jeder Gruppe gibt eine kurze Zusammenfassung: „Wir sprechen Türkisch, Griechisch, …"	
	ERWEITERUNG (Spiel „Wer bin ich?")/ BINNENDIFFERENZIERUNG: TN ziehen einen Zettel mit dem Namen eines TN und schreiben einen Text über sie/ihn. TN wählen, ob sie den Text in der 1. oder 3. Person Singular schreiben. TN lesen die Texte ohne Namensnennung vor und lassen die anderen raten.	Zettel mit Namen der TN

Erläuterungen zum Unterricht	Materialien

6a	TN äußern Vermutungen zu Fotos. KL fragt nach der Textsorte. TN lesen die Texte, ordnen die Fotos zu und vergleichen die Lösung im PL. **Lösung:** A2, B3, C1	
6b	TN lesen die Sätze 1–6 und klären unbekannte Wörter. Dann lesen TN die Texte aus 6a noch einmal, markieren die passenden Stellen zu den Sätzen und kreuzen R (richtig) oder F (falsch) an. Vergleich im PL. **Lösung:** 1. R, 2. F, 3. R, 4. R, 5. F, 6. R	
6c	KL fragt: „Wie alt ist Kamila?" TN lesen den Lösungssatz und suchen im Text die Antworten zu 2. und 3. Vergleich in PA. **Lösung:** 2. Marek ist 35 Jahre alt. 3. Renato ist 32 Jahre alt.	
UND SIE?	KL weist auf die Redemittel hin und stellt Fragen in Sie- und eine in Du-Form.	
a	TN arbeiten in PA und fragen sich gegenseitig nach dem Alter.	
b	GA (4 TN): TN erzählen, wie alt ihr Partner/ihre Partnerin ist. Sie errechnen das Alter aller TN in der Gruppe. Ggf. Errechnung des Gesamtalters aller TN.	

Erläuterungen zum Unterricht	Materialien

7a	TN äußern Vermutungen über die Personen auf Fotos (Alter, Name, Beruf, …). TN lesen die SMS und ordnen die passenden Namen den Fotos zu. **Lösung:** A = Jochen, B = Danuta	
	ERWEITERUNG (GA, 3–4 TN): KL projiziert die Fotos aus dem KB an die Wand. Jede Gruppe schreibt einen kleinen Fantasietext zu einem der Fotos. BINNENDIFFERENZIERUNG: TN wählen, ob sie einen Fließtext in der 3. Pers. Sg. (Sein Name ist Ingo Schulz …) schreiben oder die Infos in Tabellenform auflisten (Name: Ingo Schulz …). Vorlesen im PL. Dann weiter wie oben.	
7b	TN lesen den Text in 7a noch einmal und ergänzen die Lücken. **Lösung:** Firma, Kollegen, Türkei, Danuta, Verkäuferin, Chef	
	ERWEITERUNG (PA/GA): Jede Gruppe erhält das Textpuzzle (zerschnitten und vermischt) und ordnet die Teile zu einem Text. Vergleich im PL.	KV
7c	TN lesen die Sprechblasen und notieren ihren Beruf, ggf. mithilfe des Wörterbuchs. VARIANTE: In Kursen, in denen viele TN nicht berufstätig sind (z. B. Schüler, Hausfrauen), notieren TN fiktive Berufe, z. B. ihren Traumberuf.	
7d	Fragerunde im PL: KL stellen Namensschilder auf (Vorderseite: Vorname, Rückseite: Nachname). Ist der Vorname zu sehen, wird die Du-Form, ist der Nachname zu sehen, die Sie-Form benutzt. Die genannten Berufe werden in der männlichen und weiblichen Form an Tafel/IAW notiert.	
VORHANG AUF	In dieser handlungsorientieren Aufgabe fragen die TN entweder in PA eine Person nach Adresse, Telefon und E-Mail-Adresse oder sie fragen sich in GA (4–5 TN) nach Nationalität, Land und Sprache und schreiben die Antworten auf ein Plakat. Ein TN aus jeder Gruppe präsentiert das Ergebnis im PL.	Video K2
	VARIANTE: Erweiterte Erarbeitung an ▶ **Lernstationen**. Arbeitsaufträge: Station 1: Fragen Sie sich nach Adresse, Telefonnummer und E-Mail-Adresse. Schreiben Sie die Telefonnummern und E-Mail-Adressen in die Liste. (Material: Telefon- und Adressliste) Station 2: Welche Nationalitäten, Länder und Sprachen gibt es Ihrer Gruppe, welche kennen Sie noch? Erstellen Sie ein Plakat bzw. ergänzen Sie das Plakat. (TN schreiben die Angaben auf ein Plakat, das von jeder folgenden Gruppe ergänzt wird. Material: Plakat und Stifte) Station 3: Welche Wörter haben Sie in Kapitel 2 neu gelernt? Schreiben Sie auf. (TN erstellen ein Wortschatzplakat, das von jeder weiteren Gruppe ergänzt wird. Material: Plakat und Stifte) Station 4: Schreiben Sie einen Text über eine Person. Wählen sie dazu einen Kursteilnehmer oder eine Person aus ÜB 7b. (Name, Alter, Nationalität, Beruf etc. Material: Plakat und Stifte)	Plakate, Stifte, Arbeitsaufträge auf DIN A4

Haltestelle A

	Erläuterungen zum Unterricht	Materialien
1a	TN schreiben in PA kleine Dialoge. Vortrag im PL, offene Fragen werden geklärt. **Lösung:** 2. Ja, mein Skype-Name ist lukas-held76. 3. Ich heiße Ulrike. 4. Nein, ich spreche Französisch. 5. 23. 6. Dodel, Christine Dodel. 7. Meine Nummer ist 0823 – 5626123. 8. In Zürich. 9. Ich komme aus der Schweiz. 10. Nein, in Dortmund.	
	VARIANTE: Die Hälfte der TN erhält einen Zettel mit einer Frage, die andere Hälfte einen Zettel mit einer Antwort (Anzahl an TN-Zahl anpassen). TN gehen im Kursraum herum und suchen die Person mit passender Frage/Antwort. Danach Weiterarbeit mit 1b.	Zettel mit Fragen und Antworten
1b	TN schreiben in PA zu einem Element einen kleinen Dialog und spielen ihn im PL vor. Die anderen TN sagen, zu welchem Element der Dialog passt.	
	VARIANTE: TN schreiben in EA zu einem Element eine passende Frage. Anschließend ▶ **Ballrunde** mit den Fragen.	Ball

	Erläuterungen zum Unterricht	Materialien
2	KL erklärt Spielregeln: Als GA (4 TN), wobei jede Gruppe wiederum in zwei Gruppen unterteilt wird, die gegeneinander spielen. KL gibt eine Zeit vor. Gruppe 1 legt eine Münze auf ein Feld und löst die Aufgabe. Ist die Lösung richtig, bleibt die Münze liegen, sonst kommt sie wieder weg. Dann macht Gruppe 2 weiter usw. Hat eine Gruppe drei Münzen in einer Reihe, hat sie gewonnen. Schnellere Gruppen spielen noch eine Runde. Bei langsameren Gruppen, die das Spiel nicht beendet haben, gewinnt der TN bzw. die Gruppe, die die meisten Aufgaben richtig gelöst hat. **Lösung:** erste Seite: Herzlich willkommen; Guten Tag, Frau Güler.; Wie heißen Sie? Woher kommen Sie? Wo wohnen Sie? Wer ist das?; Ich komme aus …; Hallo, Berenice. Hallo, Katinka., Ich wohne in …; Ich heiße …; Vorname, Familienname; aus Berlin, in München; du heißt, er/sie heißt, Sie heißen; du wohnst, er/sie wohnt, Sie wohnen; Postleitzahl, Ort; du bist, er/sie ist, Sie sind; Deutschland, Österreich, Schweiz; Ich heiße Ulrike Throm. Ich komme aus Hamburg und wohne jetzt in Berlin.; Auf Wiedersehen, Frau Dodel. Auf Wiedersehen, Herr Precht.; zweite Seite: Wie ist deine/Ihre Telefonnummer?; Sprichst du/Sprechen Sie Englisch?; Verkäuferin, Chef, Lehrerin; Wie, Welche; 1. d), 2. b), 3. a), 4c; Deutsch, Spanisch, Englisch; Ich bin …; Firma, Chef, Büro; 1. c), 2. d), 3. b), 4. a); Hast du WhatsApp? Wie ist deine Handynummer?; du sprichst, er/sie spricht, wir sprechen, ihr sprecht, Sie sprechen; Sie, bist, ihr, wir/Sie; Bist du, Kommt ihr, Spricht er …	Münzen

	Erläuterungen zum Unterricht	Materialien
3a	KL fragt: „Wo / In welchen Ländern spricht man Deutsch?" KL zeigt Landkarte aus KB (IAW/Folie) und fragt nach den abgebildeten Ländern. TN versuchen in PA, die Städtenamen herauszufinden. Anschließend werden die Orte im PL auf IAW in die Länderkarte geschrieben. **Lösung:** 2. Hamburg, 3. München, 4. Köln, 5. Wien, 6. Bern, 7. Zürich, 8. Frankfurt, 9. Stuttgart, 10. Leipzig, 11. Dresden, 12. Bremen	IAW, Beamer oder OHP
3b	KL fragt, wo auf der Karte der Kursort liegt und welche Städte in D-A-CH TN noch kennen. TN schreiben eine weitere Stadt auf. Ein TN buchstabiert „seine/ihre" Stadt, die anderen raten. Wer die Stadt errät, macht weiter.	
3c	KL schreibt *Guten Tag.* und *Auf Wiedersehen.* an und fragt TN, ob sie weitere Begrüßungs- oder Verabschiedungsformen kennen. TN lesen die Grußformeln im KB, hören die Dialoge und ordnen sie den Bildern zu. **Lösung:** A Moin. Tschüs. B Grüß Gott. Servus. C Gruezi. Uf Wiedeluege.	CD: Track 1.54–56
	ERWEITERUNG: Bei Inlandskursen fragt KL nach Grußformeln im Kursort.	
3d	PA: TN ordnen die Zahlen den Bezeichnungen zu. Unbekannte Nummern recherchieren sie im Internet. Vergleich im PL. **Lösung:** A – Vorwahl von Berlin / H – Feuerwehr / C – Vorwahl von Österreich / E – Notruf in Europa / D – Vorwahl von Deutschland / F – Vorwahl von Wien / G – Sprachen in der Schweiz / B – Vorwahl von Bern	
	VARIANTE (GA 2/4 TN): ▶ **Domino:** KL kopiert die Dominosteine und schneidet sie aus. Jede Gruppe erhält ein Set und ordnet die Karten gemeinsam zu.	Kopie der Dominokarten

3 Wie heißt das auf Deutsch?

Lernziele/Sprachhandlungen

Sprechen	fragen, wie etwas auf Deutsch heißt; Dinge erfragen und benennen; nachfragen, wenn etwas nicht verstanden wurde*; Aufforderungen verstehen und machen
Hören	Aufforderungen verstehen
Schreiben	diverse Fragen stellen und beantworten
Lesen	einfache Dialoge verstehen
Beruf	um Hilfe bitten; nach Informationen fragen

Lerninhalte

Redemittel	Wie heißt das auf Deutsch?; Ist das dein Kuli? Ja, das ist mein Kuli.; Das ist kein Haus.; Der Kuli funktioniert nicht. Er ist kaputt.; Wiederholen Sie, bitte.; Wie schreibt man …?
Wortschatz	Dinge im Kursraum
Grammatik	bestimmter Artikel *(der, das, die)*, unbestimmter Artikel *(ein/eine)*, Possessivartikel *(mein/dein)* und Negativartikel *(kein/keine)* im Nominativ, Artikel und Personalpronomen *(der/er, das/es, die/sie)*; Aufforderungen in der *Sie*-Form (Imperativ)
Aussprache	Satzmelodie Ja/Nein-Frage und Antwort; lange und kurze Vokale

Erläuterungen zum Unterricht	**Materialien**
1a KL fragt nach den Gegenständen auf dem Foto. TN nennen bekannte Gegenstände. TN ordnen die Begriffe im KB zu. Vergleich in PA. **Lösung:** 1. der Kuli, 2. das Deutschbuch, 3. das Wörterbuch, 4. das Heft, 5. die Schere, 6. der Bleistift, 7. das Handy, 8. die Brille, 9. die Lampe, 10. der Laptop, 11. die Tasse, 12. die Maus, 13. das Post-it, 14. der Spitzer, 15. der Radiergummi BINNENDIFFERENZIERUNG: TN, die keine Begriffe kennen, arbeiten mit Wörterbuch. VARIANTE: KL legt Gegenstände wie im Bild auf den Tisch und fragt TN, wie sie heißen. Dann weiter wie im KB.	
1b TN hören zur Kontrolle die Lösung.	CD: Track 1.57
1c KL schreibt *Artikel* und *der, das, die* an Tafel/IAW (Farben wie im KB). TN hören den Dialog und schreiben die Nomen zu den Artikeln. **Lösung:** der Laptop, das Heft, die Maus	CD: Track 1.58
1d Fragerunde im PL: TN halten einen Gegenstand, z. B. Stift, Buch, Tasche etc. hoch und fragen „Wie heißt das auf Deutsch?", Antwort mit Artikel.	

Erläuterungen zum Unterricht	**Materialien**
2a KL erklärt, dass jedes Nomen einen Artikel hat und führt mit Grammatikkasten *maskulin*, *neutrum* und *feminin* ein. TB/IAW: Tabelle wie im KB. PA: TN ordnen Wörter in die Tabelle ein. PL: Drei TN ergänzen je eine Spalte an Tafel/IAW. **Lösung:** der = der Tisch, der Stuhl, der Laptop, der Kuli; das = das Fenster, das Poster, das Tablet, das Buch; die = die Tafel, die Tasche, die Lampe, die Brille BINNENDIFFERENZIERUNG: Schnellere TN machen mit 2b weiter oder bearbeiten ÜB 2.	
2b TN ergänzen in PA die Tabelle um Gegenstände im Kursraum. VARIANTE: KL legt einen Zettel mit einem der Artikel *der, das, die* auf je einen Tisch. TN legen Gegenstände aus dem Kursraum auf den passenden Tisch. Dann schreiben TN die Gegenstände in die Tabelle aus 2a. ERWEITERUNG: Anhand der KV erklärt KL TN, wie sie im Wörterbuch die Artikel zu den Nomen finden. Alternativ können TN auch mit der alphabetischen Wortliste im Anhang arbeiten. Dann weiter wie im KB. ERWEITERUNG: TN vergleichen die Verwendung von Artikeln mit ihrer Muttersprache.	A4 Blätter mit Artikeln, Wörterbücher KV (auch als IAW-Vorlage)

Erläuterungen zum Unterricht	Materialien
3a KL zeigt die Bilder und fragt, was die Personen machen und wie sie neue Wörter lernen. TN lesen die Tipps und ordnen die Bilder zu. Vergleich im PL. **Lösung:** 1B, 2C, 3A	
3b KL zeigt TN, wie sie Lernkarten erstellen, um Artikel zu üben: Seite 1: Nomen, Seite 2: Artikel. EA: TN schreiben fünf Nomen aus Kapitel 1–3 auf Lernkarten. GA (3–4 TN): TN legen ihre Karten gemischt auf Stapel, Nomen nach oben, ziehen nacheinander eine Karte, lesen das Nomen und nennen den Artikel. Bei richtigem Artikel behalten sie die Karte, sonst kommt sie wieder auf den Stapel. Spielzeit max. 10 Min. Es gewinnt der/die TN mit den meisten Karten.	Zettel/ Karteikarten
ERWEITERUNG: KL fragt TN, welche anderen Ideen sie für Lernkarten haben (z. B. Seite 1: Deutsch, Seite 2: Muttersprache; Seite 1: Zeichnung, Seite 2: Deutsch etc.). TN besprechen den Lerntipp im ÜB zum Wörterlernen. ERWEITERUNG (Artikeldomino): KL kopiert und zerschneidet das Dominospiel. GA (3–5 TN): Jede Gruppe erhält einen Satz und spielt damit ▶ **Domino**.	KV

Erläuterungen zum Unterricht	Materialien
4a KL fragt TN: „Was sehen Sie auf Foto A/B/C?" TN benennen die Gegenstände, hören die Dialoge und ordnen sie den Fotos zu. Vergleich der Lösungen im PL. **Lösung:** 1B, 2C, 3A	CD: Track 1.59–61
4b TN hören die Dialoge noch einmal, lesen sie mit und ergänzen die Nomen. **Lösung:** 1 = Kuli, 2 = Handy, 3 = Brille	
4c KL schreibt/projiziert *Hier ist ein Kuli.* an Tafel/IAW, fragt nach Artikel und markiert ein. KL erklärt, dass *ein* der unbestimmte Artikel ist, trägt ihn an Tafel/IAW in die Fokustabelle ein und weist auch auf Possessivartikel bei *mein/dein Kuli* hin. TN lesen die Dialoge aus 4a noch einmal, markieren die Artikel und ergänzen die Fokustabelle in EA. Vergleich im PL. KL erklärt die Bedeutung von *ein/mein/dein* durch Gesten/Zeichnungen wie in ÜB 4a: KL hält einen Kuli hoch und sagt: „Hier ist ein Kuli.", weist auf sich und sagt: „Das ist mein Kuli.", nimmt einen Kuli von TN und sagt: „Das ist dein Kuli". Die feminine Endung auf *e* verdeutlicht KL durch TB: *die = eine/ meine/deine.* **Lösung:** ein Kuli, eine Brille, mein/dein Handy	
4d KL hält ein Heft hoch und fragt: „Was ist das?" KL liest Dialog 1 mit TN als Beispiel vor und variiert ihn mit *Heft*. PA: TN variieren die Dialoge aus 4a mit vorgegebenen Nomen.	
BINNENDIFFERENZIERUNG: Langsamere TN lesen jeden Dialog mit einer Variante. Schnellere TN variieren die Dialoge mit weiteren Wörtern.	
4e KL führt *von + Name* ein: KL nimmt das Handy einer/eines TN und fragt eine/n andere/n: „Ist das dein Handy?" KL schreibt die Antwort an und markiert die neue Form. TB: *Ist das dein Handy? Nein, das ist das Handy von + (Name TN).* Zur Festigung der Formen und zur Vorentlastung der Sprechaufgabe: ÜB 4a. TN lesen die Rede-mittel und üben sie in GA (3 TN): Unterschiedliche Gegenstände der TN liegen auf dem Tisch. A nimmt einen Gegenstand und fragt B: „Das ist ein/e … / Ist das dein/e…?" B antwortet und fragt C usw.	

Erläuterungen zum Unterricht	Materialien
5a KL befragt TN zum ersten Bild. TN äußern Vermutungen. KL verfährt ebenso mit Bildern 2 und 3. TN lesen die Sprechblasen, hören den Dialog und ordnen die Sprechblasen den Bildern zu. Vergleich im PL. TN lesen den Dialog in PA. **Lösung:** 2+6, 1+3, 5+4	CD: Track 1.62
5b KL zeigt gestisch die Bedeutung von *kein/keine*: KL hält Kuli hoch und sagt: *Das ist ein Kuli.* KL hält Buch hoch und fragt: *Ist das ein Kuli? Nein, das ist kein Kuli. Das ist ein Buch.* TN lesen die Sprechblasen noch einmal und ergänzen die Fokustabelle, Vergleich im PL. Auch hier verdeutlicht KL die Endung beim femininen Artikel durch TB: *die = eine/meine/deine/keine.* **Lösung:** kein Hund, kein Auto, keine Katze	

	ERWEITERUNG: ▶ **Ballrunde:** A hält einen Gegenstand hoch, fragt B: „Ist das ein/e…" B antwortet: „Ja, das ist ein/e …"; „Nein, das ist kein/e… "usw.	Ball
5c	TN ergänzen die Artikel im KB. **Lösung:** keine (Lampe), ein (Auto), kein (Auto), ein (Fahrrad), kein (Fahrrad), eine (Brille), eine (Brille)	
	VARIANTE (ohne KB): KL zeichnet die Zeichnungen wie im KB an die Tafel / zeigt sie auf IAW und stellt die entsprechenden Fragen.	
5d	KL zeigt den ersten Satz auf Tafel/IAW, spricht mit übertriebener Betonung die Satzmelodie vor und zeigt Tonhöhen mit der Hand an. KL weist auf die Pfeile und den Zusammenhang zwischen Satzzeichen und Satzmelodie hin. TN hören die Sätze und sprechen nach. TN üben die Aussprache der Sätze in PA.	CD: Track 1.63
	BINNENDIFFERENZIERUNG (PA): TN wählen, ob sie die Aussprache der abgebildeten Sätze üben oder einen weiteren Dialog schreiben und vorspielen.	
5e	GA (3–4 TN): A zeichnet einen Gegenstand, die anderen TN raten und verwenden dabei die Redemittel aus 5c. B macht weiter usw.	
	VARIANTE: Bei kleinen Gruppen spielen TN im PL an Tafel/IAW. Wer das Wort errät, zeichnet das nächste usw. VARIANTE: KL schreibt Wörter auf Zettel. TN ziehen Zettel und zeichnen den Gegenstand. Die anderen raten.	Zettel mit Wörtern

Erläuterungen zum Unterricht	**Materialien**

6a	TN schauen die Bilder an und lesen die Sprechblasen. Dann vergleichen TN in PA die Bilder: A sagt Satz zu Bild A: „Auf Bild A ist ein/e …"; B vergleicht mit Bild B: „Auf Bild B ist auch ein/e … / ist kein/e …" Dann sagt B einen Satz zu Bild A und A reagiert usw. Vergleich im PL: KL fragt: „Was gibt es auf Bild A nicht?" TN benennen die Gegenstände, ebenso mit Bild B. **Lösung:** Bild A: eine Brille, ein Computer, ein Handy, ein Kabel, ein Kalender, ein Kuli, eine Lampe, ein Marker, ein Monitor, eine Schere, ein Schlüssel, ein Tablet, ein USB-Stick, keine Maus, kein Spitzer, keine Tasse, kein Wörterbuch Bild B: eine Brille, ein Computer, ein Handy, ein Kabel, ein Kalender, ein Kuli, eine Lampe, eine Maus, ein Monitor, ein Schlüssel, ein Spitzer, eine Tasse, ein USB-Stick, ein Wörterbuch, kein Marker, keine Schere, kein Tablet	
	BINNENDIFFERENZIERUNG: Schnellere TN vergleichen in PA ihre Tische im Kursraum nach dem gleichen Muster wie im KB.	
6b	TN lesen die Aussagen, klären unbekannten Wortschatz im PL, hören die Dialoge und kreuzen die passende Lösung an. Vergleich im PL. **Lösung:** 1a, 2a, 3b	CD: Track 1.64–66
6c	KL lesen die Sätze aus 6b noch einmal, ergänzen die Fokustabelle und die Sätze 1–3. Vergleich im PL. **Lösung:** `Er` ist kaputt. `Es` ist weg. `Sie` ist nicht weg. 1. Er, 2.es, 3. Sie	
	BINNENDIFFERENZIERUNG: ÜB 6c, schnellere TN schreiben weitere Sätze. ERWEITERUNG/BINNENDIFFERENZIERUNG: TN wählen, ob sie in PA mündlich weitere Dialoge mit Gegenständen auf ihrem Kurstisch üben, in PA eigene Mini-Dialoge schreiben oder in EA ÜB 6d bearbeiten.	

Erläuterungen zum Unterricht	**Materialien**

7a	KL erklärt die Bedeutung von *Vokale (a, e, i, o, u)* und, dass es lange und kurze Vokale gibt. KL schreibt *Tafel* und *Tasse* an, markiert die Vokale und spricht sie übertrieben vor. Bei *Tafel* streckt KL die Hand lang aus, bei *Tasse* macht KL eine Faust. TN hören die Wörter, lesen mit und achten auf die Markierung.	CD: Track 1.67

7b	TN hören noch einmal, sprechen nach und zeigen dazu lang oder kurz an.	
	ERWEITERUNG: KL weist darauf hin, dass Wortakzent und Vokallänge in der alphabetischen Wortliste im Anhang markiert sind. GA: TN erhalten Kärtchen mit Vokal. TN mit dem gleichen Vokal bilden eine Gruppe, suchen Wörter mit dem Vokal aus Kapiteln 1–3 heraus und bestimmen die Vokallänge. Kontrolle in der Wortliste und Präsentation im PL durch Tafelanschrieb und Vorsprechen.	Kärtchen

Erläuterungen zum Unterricht	**Material**

8a	TN stellen Vermutungen zum Bild an. KL fragt: „Welcher Dialog passt zum Bild?" TN hören die Dialoge und ordnen zu. **Lösung:** Dialog 1	CD: Track 1.68–70
	ERWEITERUNG: Vor dem Hören schreiben TN in PA einen Mini-Dialog zum Bild.	
8b	TN ordnen die Sätze zu, vergleichen die Lösung in PA und lesen die Dialoge. **Lösung:** 1 = Dialog 3, 2 = Dialog 1, 3 = Dialog 2	
8c	TN ergänzen die Fokustabelle mit Aufforderungen aus 8b. KL erklärt, was eine Aufforderung ist, dass das Verb auf Position 1, das Subjekt auf 2 kommt. TB: *Sie lesen den Dialog.* *Lesen Sie den Dialog.* **Lösung:** Buchstabieren Sie, bitte. Fragen Sie bitte Herrn Thomson.	
8d	TN suchen Aufforderungen auf dieser Seite, dann in Kapiteln 1–3. Sie schreiben sie in einer Liste ins Heft, vergleichen in PA.	
	INTERKULTURELLER ASPEKT: TN übersetzen die Aufforderungen in ihre Sprache, stellen je eine Aufforderung auf Deutsch und in ihrer Sprache vor und erklären, auf welcher Position Verb und Subjekt (wenn vorhanden) in ihrer Sprache stehen. BINNENDIFFERENZIERUNG: TN haben 5 Min. und wählen, ob sie in dieser Zeit nur auf einer Seite, in einem Kapitel oder sogar in allen drei Kapiteln nach Aufforderungen suchen. Dann übersetzen sie diese in ihre Sprache.	
8e	KL schreibt einen Beispielsatz. TB: *Buchstabieren Sie.* ☺ KL schreibt gleichen Satz mit *bitte*. TB: *Buchstabieren Sie, bitte*. ☺ KL erklärt, dass *bitte* den Satz freundlicher macht und verdeutlicht die Bedeutung durch Smileys / unterschiedlichen Tonfall. PA: A liest einen Satz aus 8d, B formuliert ihn als Bitte, dann liest B einen Satz usw.	
UND SIE?	PA: TN schreiben und spielen Mini-Dialoge mit Aufforderungen und Bitten.	
	VARIANTE (PA): TN schreiben Mini-Dialog mit einer Aufforderung/Bitte zu einem Wort (z. B. *Name*), das sie erhalten. Vorab ein Beispiel im PL. Vorspiel im PL.	Zettel mit Wörtern

Erläuterungen zum Unterricht	**Material**

9a	Bei der Differenzierungsaufgabe lesen TN Sprechblasen und stellen Vermutungen zu Marias Problem an. TN wählen, ob sie die Fragen ergänzen (links) und den Situationen zuordnen oder Fragen zu den Sprechblasen schreiben (rechts). Überprüfung mithilfe des Dialogs (aus 9b). **Lösung:** 1. Wie ist die Telefonnummer von Frau Pfeffer? 2. Wie heißt das auf Deutsch? 3. Was ist der Artikel von Termin? 4. Wie schreibt man Mennert? Mit e oder mit ä?	
9b	TN lesen die Sätze, hören den Dialog und kreuzen an. Vergleich im PL. **Lösung:** 1. F, 2. R, 3. R	CD: Track 1.71
VORHANG AUF	Bei dieser handlungsorientierten Aufgabe sind Kommunikationsanlässe aus dem Alltag dargestellt. TN äußern Ideen zu den Bildern. Sie wählen ein Bild und schreiben in PA/GA einen Dialog mit TN, die das gleiche Bild gewählt haben. Vorspiel der Dialoge, die anderen raten, zu welchem Bild der Dialog passt.	Video K3

4 Einen Kaffee, bitte.

Lernziele/Sprachhandlungen

Sprechen	fragen, wie es geht*; jemanden vorstellen; in einer Cafeteria bestellen und bezahlen; Preise nennen, verstehen und erfragen*; ein Kursfest planen
Hören	Preise verstehen
Schreiben	eine Preisliste, eine Einkaufsliste schreiben
Lesen	eine Speisekarte, eine Nachricht vom Kursfest verstehen
Beruf	ein Gespräch am Arbeitsplatz verstehen

Lerninhalte

Redemittel	Ja, gerne. Nein, danke.; Wie geht's?, Arbeitest du morgen?; Wie viel kostet der Kuchen? 2 Euro 20.; Möchtest du einen Tee?; Wir haben keine Äpfel.
Wortschatz	Speisen und Getränke; Preise
Grammatik	Konjugation (möchten, arbeiten); unbestimmter Artikel (ein/eine/einen) und Negativartikel (kein/keine/keinen) im Nominativ und Akkusativ; Artikel und Nomen im Plural (die/-/keine/meine), Komposita
Aussprache	Wortakzent; ö-Laut

	Erläuterungen zum Unterricht	Materialien
1a	KL projiziert die Bilder an die Wand/IAW und fragt: „Was sehen Sie auf den Bildern? Wo sind die Personen und was machen sie da? Was sagen sie noch?". TN stellen Vermutungen an. Sie hören die Dialoge und ordnen die Fotos zu. **Lösung:** Dialog 2: D, Dialog 3: C, Dialog 4: A	CD: Track 1.75–78
	VARIANTE: TN arbeiten in vier Gruppen (Gruppenbildung mithilfe von Kärtchen mit A, B, C oder D). Jede Gruppe erarbeitet ein Bild und stellt dazu mithilfe der W-Fragen Wer? Wo? Was? Vermutungen an. TN berichten im PL. Dann weiter wie im KB. VARIANTE/BINNENDIFFERENZIERUNG (PA): TN suchen sich ein Bild aus und wählen, ob sie Wortschatz dazu notieren oder einen Dialog schreiben.	Kärtchen
1b	KL erklärt die Bedeutung von Speisen und Getränke. TN sehen sich die Fotos an und nennen bereits bekannte Wörter. KL schreibt diese an.	
	VARIANTE: TN arbeiten in PA und schreiben so viele Wörter zu den Bildern auf, wie sie kennen. Weiter wie oben.	
1c	KL schreibt die Redemittel aus den Sprechblasen an. Dann Fragerunde im PL, z. B. in Form einer ▶ **Ballrunde**. TN verwenden den Wortschatz aus 1b.	Ball
	INTERKULTURELLE PERSPEKTIVE: KL fragt: „Was trinkt man bei Ihnen?" TN nennen typische Getränke aus ihrem Heimatland.	

	Erläuterungen zum Unterricht	Materialien
2a	KL schreibt Wie geht's? sowie die im KB abgebildeten Antworten mit Smileys an. KL spricht die Antworten übertrieben vor und verdeutlicht die Bedeutung mimisch und durch Tonfall. KL fragt: „Wie geht es den Personen auf den Fotos?" TN äußern Vermutungen. Dann hören TN die Dialoge und ergänzen die passenden Smileys. Vergleich im PL. **Lösung:** Dana = ☺, Frau Krüger = ☺☺	CD: Track 1.79–80
	ERWEITERUNG: Fragerunde im PL. KL fragt: „Wie geht's?" A antwortet, fragt B usw.	
2b	TN lesen Namen und Sätze, hören die Dialoge und ordnen zu. Vergleich im PL. **Lösung:** 1. d), 2. c), 3. b), 4. a)	CD: Track 1.81–82
2c	TN lesen die Dialoge, markieren alle Formen des Verbs arbeiten und ergänzen den Grammatikkasten. KL weist auf die unregelmäßige Form hin. TB: du, er/es/sie, ihr + e **Lösung:** du arbeitest, wir arbeiten, sie/Sie arbeiten	
2d	GA (Dialog 1: 3 TN; Dialog 2: 2 TN): TN üben und lesen die Dialoge laut.	

2e	PA: TN schreiben die Verben auf Zettel. KL erklärt die Zuordnung der Personalpronomen zu den Würfelzahlen und löst ein Beispiel im PL. In PA: A zieht einen Zettel, würfelt und konjugiert das Verb. B macht weiter usw.	Würfel, Zettel mit Verben
	BINNENDIFFERENZIERUNG: TN wählen, ob sie sich auf die Verbkonjugation konzentrieren oder zu jedem Verb einen Fragesatz bilden, auf den der/die andere TN antwortet usw.	
UND SIE?	Bei dieser Differenzierungsaufgabe erläutert KL den Grammatikkasten. Verständnissicherung: Fragerunde im PL oder in PA: A fragt in Sie- oder Du-Form, B antwortet und fragt in der passenden Form. GA (2–4 TN): TN schreiben Dialoge in Sie- oder Du-Form und spielen diese im PL vor.	

Erläuterungen zum Unterricht		Materialien
3a	TN lesen die Preisliste. KL erklärt anhand des Grammatikkastens, wie man Preise schreibt und spricht. KL fragt „Wie viel kostet der Tee?" und schreibt die Frage an. TN suchen in der Preisliste und antworten. Dann hören TN den Dialog bis: „Äh, Frau Krüger, hier fehlt der Preis!" KL fragt: „Wo fehlen die Preise?" TN antworten. Dann hören sie weiter und ergänzen die Preise. Vergleich in PA durch Fragen und Antworten: „Wie viel kostet der Kaffee?" „1,80 €". Dann Vergleich im PL durch Anschreiben an Tafel/IAW. **Lösung:** Cola 2 €, Minipizza 2,40 €, Kiwi 0,40 €	CD: Track 1.83
3b	Wiederholung: KL erklärt noch einmal, was der Wortakzent ist, spricht die erste Reihe mit Silbenklatschen vor und markiert mit TN den Wortakzent. TN hören die übrigen Wörter und Sätze und markieren den Wortakzent. **Lösung:** der Käse – Brötchen – das Brötchen – das Käsebrötchen Wie viel kostet das Käsebrötchen? – Das Käsebrötchen kostet 2 Euro. Apfel – der Apfel – Saft – der Saft – der Apfelsaft Wie viel kostet der Apfelsaft? – Der Apfelsaft kostet ein Euro siebzig.	CD: Track 1.84
3c	TN hören noch einmal, sprechen nach und üben in PA mit Silbenklatschen den Wortakzent. KL erklärt anhand des Grammatikkastens, was Komposita sind: Wortakzent liegt auf dem vorderen Wort, das hintere Wort bestimmt den Artikel (TB: Pfeil vom hinteren Wort zum Artikel). Zur Verständnissicherung bearbeiten TN ÜB 3d.	
	BINNENDIFFERENZIERUNG: Schnellere TN bilden weitere Komposita oder schreiben ein Beispiel wie in 3b.	
3d	TN schreiben Speisen und Getränke mit Preisen. PA: A fragt nach dem Preis, B antwortet und fragt dann usw.	
	VARIANTE (PA): A erhält Preisliste A, B erhält Preisliste B. A fragt B nach den fehlenden Preisen. B antwortet, A ergänzt sie in Preisliste A. Dann umgekehrt.	KV

Erläuterungen zum Unterricht		Materialien
4a	Vorentlastung: TN benennen die abgebildeten Speisen und Getränke. KL fragt: „Was möchten die Personen?" TN hören den Dialog und kreuzen an. Vergleich im PL. **Lösung:** Frau Fritsche: 1, 3; Herr Bender: 2, 4	CD: Track 1.85
4b	GA (3 TN): TN lesen den Dialog laut. KL erklärt anhand des Grammatikkastens die Konjugation von *möchten*. Zur Verständnissicherung: ÜB 4b+c. TN lesen den Dialog noch einmal in EA, markieren alle Artikel und ergänzen die Fokustabelle. Vergleich im PL durch Ergänzen der Tabelle an Tafel/IAW. KL erklärt, dass nach dem Verb *möchten* immer der Akkusativ steht und dass sich nur im Maskulinum der Artikel ändert. **Lösung:** einen/keinen Tee, ein/kein Wasser, eine/keine Banane	
4c	TN ergänzen die fehlenden Artikel und lesen dann den Dialog in GA. **Lösung:** einen, keinen, ein, einen, einen, einen, eine	
	BINNENDIFFERENZIERUNG: TN, die noch unsicher mit den Artikeln sind, schreiben die bestimmten Artikel *(der/das/die)* über die Wörter und bilden dann die passende Akkusativform. Schnellere TN bearbeiten auch ÜB 4d.	

4d	GA (4–5 TN): Fragerunde mit den vorgegebenen Wörtern: „Ich möchte einen/ein/eine …, und du?" KL macht ein Beispiel im PL vor und achtet darauf, dass TN den unbestimmten Artikel im Akkusativ verwenden.	
	VARIANTE: ▶ **Ballrunde** im PL.	Ball
	ERWEITERUNG (Kofferpacken): A sagt: „Ich möchte einen Tee, und du?" B wiederholt und fügt ein Wort hinzu: „Ich möchte einen Tee und einen Kaffee, und du?" usw.	

Erläuterungen zum Unterricht		**Materialien**
5a	Wiederholung: KL schreibt *Vokale* und *Umlaute* an und TN nennen Beispiele. KL schreibt sie unter die Begriffe. Im Anschluss bearbeiten TN ÜB 5.	
	KL schreibt *e* und *ö* an, spricht die Laute vor, zeigt die Illustration der Münder an Tafel/IAW und erklärt, dass der Mund bei *e* lächelt. Wenn man ihn rund macht wie bei einem Kuss, wird aus dem *e* ein *ö*. KL spricht mit übertriebener Mimik vor, TN sprechen nach. TN, die Schwierigkeiten mit der *ö*-Lautbildung haben, erklärt KL mithilfe von Gesten, dass sich vom *e* zum *ö* nur die Lippenbewegung ändert, die Zunge aber oben hinten am Gaumen bleibt.	
5b	KL spricht mit übertriebener Mundbewegung „eöeöeö" vor, TN sprechen nach. KL spricht „sehr schön" vor, TN sprechen nach, erst langsam, dann schneller.	
5c	TN hören die Wörter und Sätze, sprechen nach und üben dann in PA.	CD: Track 1.86

Erläuterungen zum Unterricht		**Materialien**
6	TN lesen die Sätze, hören die Dialoge und kreuzen an. Vergleich im PL. **Lösung:** 1. a, 2. b, 3. a	CD: Track 1.87–89
UND SIE?	Bei der Differenzierungsaufgabe zeigt KL das linke Bild im KB / projiziert es auf IAW und fragt: „Wo ist das? Was machen die Personen da? Was sagen sie?" TN äußern Vermutungen. Dann lesen sie die Sprechblasen. PA/GA (2–4 TN): TN wählen ein Bild, schreiben Dialoge in der Cafeteria und spielen sie vor.	

Erläuterungen zum Unterricht		**Materialien**
7a	KL fragt: „Was sehen Sie auf dem Foto?" TN sammeln in PA. KL fragt: „Was haben Dana und Sofia noch nicht?" TN lesen in EA die Liste und markieren, was auf dem Foto noch fehlt. Vergleich in PA mithilfe der Redemittel (Sprechblase): „Sie haben noch keinen/kein/keine …" **Lösung:** Sie haben noch kein Wasser, keine Minipizzas, keinen Kuchen, keine Milch und keinen Zucker.	
7b	TN hören den Dialog zwischen Dana und Sofia und vergleichen, ob sie in der Liste in 7a die gleichen Dinge als fehlend angekreuzt haben. Vergleich im PL.	CD: Track 1.90
7c	KL fragt: „Wie viele Brote sehen sie auf dem Bild?" TN zählen und antworten. Dann hören TN den Dialog und ergänzen die Zahlen. Vergleich im PL. **Lösung:** 2 Brote, 10 Brötchen, 5 Brezeln, 6 Äpfel, 3 Bananen, 12 Gläser, 12 Tassen, 12 Stühle	CD: Track 1.91
7d	KL zeigt den Fokuskasten an Tafel/IAW und führt die Begriffe Singular und Plural ein. TN ergänzen die Tabelle mithilfe der Wörter aus 7c, vergleichen Singular- und Pluralform und markieren die Unterschiede bei den Pluralformen. KL erklärt, dass der Artikel im Plural immer *die* ist. **Lösung:** die Bananen, die Äpfel, die Stühle, die Gläser, die Minipizzas	
7e	KL erklärt, wie TN im Wörterbuch die Pluralform finden (alternativ: TN arbeiten mit Wortliste im Anhang), und wie sie Lernkärtchen erstellen können: Vorderseite: Zeichnung des Gegenstands, Rückseite: Nomen mit Artikel und Pluralform. TN suchen in Kapiteln 1–4 zehn Nomen und erstellen Kärtchen. KL hilft bei der Arbeit mit dem Wörterbuch.	Lernkärtchen
	BINNENDIFFERENZIERUNG: TN wählen, ob sie in EA oder PA mit den Kärtchen üben. PA: TN tauschen die Kärtchen und fragen sich ab: TN 1 liest das Nomen vor, TN 2 nennt Artikel und Plural. TN 1 überprüft die Antwort mit Kärtchen.	
	ERWEITERUNG: TN üben die Arbeit mit dem Wörterbuch. KL erklärt anhand der KV, wie die Pluralformen im Wörterbuch zu finden sind, dann ordnen TN die Nomen in die Tabelle ein. Vergleich im PL. Dann weiter wie im KB.	KV

| UND SIE? | KL erklärt die Situation: TN planen ein eigenes Kursfest und schreiben eine Liste mit den Dingen, die sie brauchen. GA (3–4 TN): TN schreiben eine Liste und vergleichen sie dann mit einer anderen Gruppe. TB mit Redemitteln: *Wir brauchen einen/ein/eine …/Wir haben einen/ein/eine …/Ihr habt keinen/kein/keine …* | |
| | VARIANTE: TN überlegen in GA, was sie für das Kursfest brauchen, und schreiben die Dinge auf Moderationskärtchen. Gruppe 1 berichtet im PL, was sie für das Kursfest braucht, und hängt ihre Kärtchen an eine Pinnwand. KL fragt: „Was fehlt noch?" Die anderen Gruppen ergänzen. | Moderations-kärtchen, Pinnwand |

Erläuterungen zum Unterricht		**Materialien**
8a	TN lesen die Fragen und ordnen die Antworten zu. **Lösung:** 1. b, 2. a, 3. c	
	VARIANTE: TN erhalten den Dialog zerschnitten und legen die Sätze in die richtige Reihenfolge.	Kopien des Dialogs
8b	TN hören den Dialog, überprüfen ihre Lösung und lesen ihn zu dritt. KL fragt TN nach den Plural-formen im Dialog und Artikeln. TN markieren die Pluralformen mit Artikeln. Den bestimmten Artikel im Plural kennen TN bereits. KL führt anhand des Grammatikkastens die Artikel im Plural ein. KL weist darauf hin, dass der unbestimmte Artikel im Plural ein Nullartikel ist und dass im Plural die Artikel im Nominativ und Akkusativ gleich sind.	CD: Track 1.92
	BINNENDIFFERENZIERUNG: Zur Festigung bearbeiten TN ÜB 8b. Schnellere TN bearbeiten auch ÜB 8c.	
8c	KL fragt TN nach Foto (Kursfest), dem Text (SMS) und wer die SMS an wen geschrieben (Ben an Pablo). Dann fragt KL: „Wo ist Pablo?" TN äußern Vermutungen, dann lesen sie die SMS und beantworten die Frage. **Lösung:** Pablo ist in León.	
8d	TN lesen die SMS noch einmal und kreuzen die passenden Artikel an. **Lösung:** 2a, 3a, 4b, 5a	
	BINNENDIFFERENZIERUNG: Schnellere TN machen weiter mit ÜB 8a.	
8e	KL schreibt/projiziert die Redemittel für SMS an Tafel/IAW. TN schreiben eine Nachricht wie die SMS in 8c über ihr Kursfest und verwenden die Speisen und Getränke, die sie in der Liste bei 7 UND SIE? gesammelt haben. Korrektur durch KL.	
	VARIANTE: TN schreiben die Nachricht in PA/GA. Vorlesen der Texte im PL. ERWEITERUNG (▶ **Partnerkorrektur**): Je zwei TN/Gruppen tauschen ihre Nachricht und korrigie-ren sie gegenseitig. KL hilft dabei.	
VORHANG AUF	GA (2–3 TN): TN wählen eine Zeichnung und schreiben dazu einen Dialog. Sie spielen ihn im PL vor, die anderen TN raten, zu welcher Zeichnung er passt.	Video K4

Haltestelle B

1a   TN betrachten die Fotos im KB / auf IAW. KL fragt: „Was sind die Personen auf den Bildern von Beruf?" TN äußern Vermutungen, bilden aus den Wortschnipseln Berufe und schreiben sie zu den Bildern. Vergleich im PL.
Lösung: B Busfahrer, C Ingenieur, D Lehrerin

1b   TN hören die zwei Dialoge und ordnen die Fotos aus 1a zu.   *CD: Track 1.98*
Lösung: 1D, 2A

VARIANTE: TN hören die Dialoge. Sobald ein/e TN weiß, zu welchem Bild ein Dialog gehört, sagt er/sie „Stopp!". KL hält den Dialog an, TN nennt die Lösung. Dann wird der Dialog weiter gehört und die Lösung überprüft.

1c   TN lesen die Texte und schreiben sie neu, indem sie die fehlenden Wörter ergänzen.
Lösung: Kamila: alt, kommt, arbeitet, spricht; Renato: ist, lernt, arbeitet; Danuta: Jahre, kommt, als

BINNENDIFFERENZIERUNG: Langsamere TN bearbeiten nur einen Text.   *Zettel mit*
ERWEITERUNG: KL verteilt Zettel mit Namen der TN. TN schreiben einen Text ohne Verben über   *Namen der TN*
die Person auf ihrem Zettel. PA: TN tauschen die Texte aus und ergänzen die Verben. Die Texte
werden ohne Namensnennung vorgelesen, die anderen TN raten.

| Erläuterungen zum Unterricht | Materialien |

2a   PA: TN wählen ein Thema und notieren dazu fünf bis zehn Nomen mit Artikel.

VARIANTE: KL schreibt Themen auf Zettel, jedes Thema doppelt oder mehrfach (so viele Zettel   *Zettel mit*
wie TN). TN erhalten einen Zettel, suchen TN mit dem gleichen Thema und notieren fünf bis zehn   *Themen*
Wörter zu ihrem Thema.

2b   ▶ **Lernen mit Bewegung:** KL führt die Bewegungen jeweils an einem Wort vor. TN lesen ihre Wörter aus 2a vor und die anderen TN reagieren mit den entsprechenden Bewegungen.

2c   Der Kurs wird in zwei Gruppen geteilt. Jede Gruppe notiert zehn Nomen mit Artikel und Plural-form. Dann wird in GA gespielt: Gruppe A nennt ein Wort von der Liste, Gruppe B nennt Artikel und Pluralform usw. Die Gruppe mit den meisten richtigen Antworten gewinnt.

2d   KL macht das Spiel im PL vor und weist auf die Redemittel in den Sprechblasen hin.   *Tücher*
Dann spielen TN in GA.

2e   KL macht das Spiel im PL vor. Der TN, der das Wort zuerst errät, schreibt das nächste Wort als Buchstabensalat an usw.

2f   Wechselspiel: KL liest mit TN im PL den Beispieldialog. TN spielen in PA Verkaufsdialoge, A notiert die Preise wie im Beispiel. Dann tauschen TN die Rollen und B notiert die Preise.

BINNENDIFFERENZIERUNG (ohne Rollentausch): Stärkere TN spielen den/die Verkäufer/-in. Diese Rolle hat einen höheren Schwierigkeitsgrad, da die abgebildeten Artikel in den unbest. Artikel im Akkusativ umgewandelt werden müssen.

2g   KL erklärt die Aufgabe und zeigt das Beispiel und die Themenvorschläge auf IAW / im Buch.
PA: A wählt ein Thema und schreibt dazu einen Satz. B schreibt einen passenden Satz dazu und gibt das Blatt an A zurück usw.

| Erläuterungen zum Unterricht | Materialien |

D-A-CH   KL erklärt die Spielregeln: TN würfeln eine Zahl und gehen auf das entsprechende Feld. Die   *Würfel,*
Farbe bestimmt dann die Aufgabe: Bei Blau nennen TN das Wort mit Artikel, bei Grün lesen sie   *Spielfiguren*
die Informationen, bei Rot sprechen sie. Dann spielen TN in PA oder GA.

5 Was machst du heute?

Lernziele/Sprachhandlungen

Sprechen	Uhrzeit und Wochentag erfragen; über Aktivitäten im Tagesablauf sprechen; nach Abfahrtszeiten fragen*
Hören	Dialoge über Freizeitaktivitäten verstehen
Schreiben	einen Tagesablauf beschreiben; eine Antwort auf eine Einladung schreiben
Lesen	einen Fahrplan, einen Terminkalender und eine Einladung verstehen*
Beruf	einen Vorgesetzten über eine Verspätung informieren*

Lerninhalte

Redemittel	Wie spät ist es? Es ist sieben Uhr dreißig; Am Montag um halb fünf trinke ich Kaffee mit Ron.; Wann fährt der Bus?; Wie lange siehst du abends fern?; Ich sehe gerne fern.
Wortschatz	Uhrzeit, Tageszeiten, Wochentage; Aktivitäten im Alltag
Grammatik	Verben mit Vokalwechsel (essen, lesen, fahren, schlafen, waschen); trennbare Verben und Satzklammer bei trennbaren Verben; Fragewörter (Wie?, Wann?, Wie lange); Präpositionen (am, um, von … bis)
Aussprache	Wortakzent bei trennbaren Verben; lange Sätze

	Erläuterungen zum Unterricht	Materialien
1a	TN äußern im PL Vermutungen, wer die Personen auf dem Foto sind und was sie machen. KL schreibt *träumen* an, erklärt die Bedeutung und fragt: „Was träumt Markus? Was denkt sein Sohn?" TN klären die Bedeutung der Verben bei den Illustrationen, hören und kreuzen sie an. **Lösung:** 1, 3, 4, 5, 2, 7	CD: Track 2.1
	BINNENDIFFERENZIERUNG: Vor dem Hören: TN mit Vorwissen decken die Verben ab und nennen sie. Beim Hören: Langsamere TN bekommen zwei Verben zugeteilt und achten darauf, ob diese Aktivitäten vorkommen.	
1b	TN hören die Texte und klären, dass es sich um eine Familie (Markus = Vater, Selma = Mutter, Dennis = Sohn) handelt. TN lesen die Sprechblasen, hören und schreiben die Namen zu den Sätzen. Vergleich im PL. Überleitung zu 2: KL fragt zur letzten Sprechblase: „Was ist los? Was ist das Problem?" Evtl. hören TN noch einmal. (Markus schläft und der Bus kommt.) **Lösung:** Selma: Der Kaffee ist fertig. Heute ist nicht Sonntag. Markus: Was ist los? Dennis: Papa schläft.	CD: Track 2.2
	VARIANTE (GA, drei Gruppen): Jede Gruppe achtet auf eine Person.	

	Erläuterungen zum Unterricht	Materialien
2a	Klärung der Situation: KL schreibt *der Bus* und *die Haltestelle* an und fragt, was passiert. TN äußern Vermutungen. TN hören und sammeln Antworten. TN lesen die Sätze, klären Wortschatz, hören noch einmal und kreuzen an. **Lösung:** Der Bus ist weg.	CD: Track 2.3
2b	KL fragt nach Anzahl der Busse und wann der Bus Nummer 16 fährt. TN suchen in Plan und Sprechblasen. KL erklärt mithilfe des Tipps, wie man die offizielle Uhrzeit schreibt und spricht. Zur Verständnissicherung fragt KL nach einem weiteren Bus. PA: A fragt, B antwortete, dann umgekehrt usw.	
	BINNENDIFFERENZIERUNG (PA): TN wählen, ob sie einen Dialog schreiben oder sich mündlich nach den Abfahrtszeiten der Busse fragen. ERWEITERUNG/MINI-EXKURSION: Der Kurs geht zu einer Haltestelle. TN fragen nach den Abfahrtszeiten. Alternative im Kursraum: KL oder TN bringen Fahrplan mit / laden eine App herunter, fragen nach den Abfahrtszeiten und antworten mithilfe der Abfahrtspläne.	
2c	TN lesen die Sätze, hören den Dialog und ordnen die Sätze. Nochmaliges Hören zur Kontrolle. KL erklärt, dass 7 Uhr 30 die offizielle und halb acht die inoffizielle, alltagssprachliche Zeitangabe ist. **Lösung:** Entschuldigung, wie spät ist es? Halb acht. Wie bitte? Es ist 7 Uhr 30.	CD: Track 2.4

VARIANTE: TN lesen die Sätze, bringen sie in die richtige Reihenfolge und hören zur Kontrolle.
PA: TN lesen den Dialog.

2d	KL erläutert die Begriffe *vor, nach, Viertel* und *halb* an einer Uhr an Tafel/IAW. KL zeigt die Zeiten von 7–8 Uhr, indem KL den Zeiger immer 5 Min. vorschiebt und die Uhrzeit benennt. TN lesen die Zeiten im KB, hören und ordnen zu.	CD: Track 2.5–8 Uhr
	Lösung: 2 Es ist sieben Uhr. 3 Es ist Viertel vor acht. 4 Es ist halb acht.	
	VARIANTE: Mit Uhr aus dem Internet (http://www.meik.ch/Schule/Uhr.asp) arbeiten.	
2e	Fragerunde im PL: KL stellt eine Uhrzeit ein, hält die Uhr hoch und fragt: „Wie spät ist es?" A antwortet, stellt die Uhr neu ein, fragt B usw.	Uhr
	VARIANTE: Jeder TN erhält Kärtchen mit Uhren ohne Zeiger und zeichnet Zeiten ein. GA (3-4 TN): A fragt nach Zeit, B antwortet usw.	KV
2f	Anhand der Illustrationen führt KL die Tageszeiten ein. GA: TN vergleichen die Uhrzeit in Deutschland mit der Uhrzeit in den angegebenen Städten.	
	VARIANTE: Jeder TN erhält Kärtchen (vorne: Stadt, Rückseite: Zeitdifferenz). GA (5 TN: jede Stadt kommt einmal vor). A fragt B, B antwortet, fragt C usw. ERWEITERUNG: Bei Bedarf recherchieren TN die Zeitdifferenzen, z. B. unter http://24timezones.com/weltzeituhr.php. Dann weiter wie oben. INTERKULTURELLE PERSPEKTIVE / ERWEITERUNG (Inland): TN fragen sich nach dem Zeitunterschied zwischen Deutschland und ihrem Herkunftsort. ERWEITERUNG AUSLAND: Falls die Zeit im Kursort von der in Deutschland abweicht, erweitern TN die Übung im KB um ihren Kursort.	Kärtchen mit Zeitdifferenz

Erläuterungen zum Unterricht		**Materialien**
3a	Evtl. Wiederholung der Varianten der Uhrzeit. TN hören den Dialog und kreuzen an. **Lösung:** c	CD: Track 2.9
	BINNENDIFFERENZIERUNG: Schnellere TN beantworten beim Hören auch noch die Fragen „Wann fährt der Bus?" und „Wann ist Markus im Büro?".	
3b	KL erklärt die Bedeutungen von *der Kalender / der Terminkalender* sowie *der Termin*, *die Woche* und *der Wochentag* und sucht mit TN den ersten Wochentag heraus. TN markieren alle Wochentage, KL (oder ein/e TN) schreibt sie auf Zuruf an.	
	ERWEITERUNG: TN schreiben die Wochentage auf Kärtchen, mischen sie und bringen sie anschließend wieder in die richtige Reihenfolge.	Kärtchen mit Wochentagen
3c	Zwei TN lesen den Dialog. KL erklärt, dass auf *Wann? am + Wochentag* und auf *Um wie viel Uhr? um + Uhrzeit* folgt. KL fragt, TN antworten mit verkürztem Satz und Fokus auf der Zeitangabe. PA: TN fragen und antworten nach dem Muster zu den Aktivitäten im Kalender.	
3d	KL stellt Frage 1. TN suchen den Termin im Kalender. TN lesen die Fragen, suchen die Antworten und befragen sich gegenseitig in PA. **Lösung:** siehe 3e.	
3e	KL fragt noch einmal und schreibt die Antwort an. KL markiert die Verbposition. KL fragt, was auf Position 1 steht, und markiert das Subjekt. KL erklärt, dass der Wochentag vorne stehen kann und das Subjekt auf Position 3 rutscht, das Verb aber immer auf Position 2 bleibt. TB wie im KB. TN schreiben Antwortsätze zu den Fragen 1–6 ins Heft. Vergleich im PL. Lösung (Unterstreichung: Kurzantworten zu 3d): 2. Er spielt <u>am Samstag um 19:00 Uhr</u> Fußball. Am Samstag um 19:00 Uhr spielt er Fußball. 3. Er isst <u>am Mittwoch um 13:00 Uhr</u> mit Selma Mittag. Am Mittwoch um 13:00 Uhr isst er mit Selma Mittag. 4. Er trinkt <u>am Freitag um 16:30 Uhr</u> mit Ron Kaffee. Am Freitag um 16:30 Uhr trinkt er mit Ron Kaffee. 5. Der Spanischkurs beginnt <u>am Montag um 18:00 Uhr</u>. Am Montag um 18:00 Uhr beginnt der Spanischkurs. 6. Pablo kommt <u>am Sonntag um 15:00 Uhr</u> zu Besuch. Am Sonntag um 15:00 Uhr kommt Pablo zu Besuch.	
	BINNENDIFFERENZIERUNG: TN mit Schwierigkeiten bei der Satzbildung konzentrieren sich auf die eingeführten temporalen Angaben und schreiben die Sätze mit Subjekt auf Position 1. ERWEITERUNG: Zur Verdeutlichung des Positionswechsels von Subjekt und Zeitangabe üben TN die Antworten als ▶ **lebende Sätze**.	

		Materialien
UND SIE?	TN notieren Antworten. GA: TN fragen einander und machen Notizen. Sie berichten im PL in der 3. Pers. Sg.: „Er/sie arbeitet um … Uhr."	
	BINNENDIFFERENZIERUNG: Schnellere TN schreiben weitere Fragen auf und verwenden diese im Interview. VARIANTE (GA, 3–4 TN): Jede Gruppe erhält Karten, auf denen ein Fragewort oder Wochentag steht *(am Montag, …, Wann …?, Was …?, Um wie viel Uhr …?)*. A zieht eine Karte und formuliert dazu eine Frage an B. B antwortet usw.	Kärtchen

Erläuterungen zum Unterricht		**Materialien**
4a	Im PL: Einführung der Tageszeiten. KL ergänzt die Uhrzeiten. TN betrachten die Bilder und lesen die Sätze. KL fragt: „Was macht Selma (am Morgen um 6.30 Uhr)?" / „… (morgens von 7:00 bis 7:30 Uhr)?" TN ordnen zu. Vergleich im PL. **Lösung:** 7:00–7:30: Sie frühstückt mit …; 8:30: Sie fährt zum …; 14:00: Sie telefoniert; 16:00–17:00: Sie liest …; 23:00–6:15: Sie schläft.	
4b	TN suchen die passenden Verbformen aus 4a. Drei TN schreiben die Konjugation für ein Verb (Sg., Pl.) an. KL fragt, was unregelmäßig ist, markiert den Vokalwechsel und erklärt, dass sich bei diesen Verben der Vokal bei der 2./3. Pers. Sg. ändert. **Lösung:** fährt, esse, isst, liest	
	BINNENDIFFERENZIERUNG: Zur Vertiefung: ÜB 4b. Schnellere TN schreiben einen weiteren Dialog. ERWEITERUNG: TN schreiben die Verben auf Kärtchen und spielen ▸ **Verben würfeln**.	Kärtchen, Würfel
4c	KL fragt: „Wann frühstückt Selma?" TN antworten mithilfe von 4a mit der Tageszeit. PA: TN nutzen die Redemittel und fragen, was Selma wann macht.	
	BINNENDIFFERENZIERUNG: TN wählen, ob sie mit verkürzten Sätzen oder ganzen Sätzen antworten (mit Positionswechsel von Subjekt und Zeitangabe).	
UND SIE? **a**	Bei der Differenzierungsaufgabe schreibt KL *Mein Tag* an und fragt TN: „Was machen Sie morgens?" KL sammelt Aktivitäten mit Uhrzeit. EA: TN schreiben ihren Tagesablauf in Stichpunkten oder ganzen Sätzen auf.	Plakate
b	PA: TN interviewen sich gegenseitig und notieren die Antworten. TN stellen Partner im PL (in großen Kursen in GA / einem neuen Partner) vor.	
	ERWEITERUNG (GA): Jede Gruppe sammelt zu einer Tageszeit passende Aktivitäten. Präsentation im PL (Tafelanschrieb, Plakat). Dann weiter im KB.	

Erläuterungen zum Unterricht		**Materialien**
5a	KL lässt *Skype* und *skypen* erklären und fragt, wer hier skypt (Laura und Selma). TN lesen den Text und beantworten die Fragen. **Lösung:** Laura ist in Buenos Aires, in Argentinien. Selma backt einen Kuchen. Selma hat um 10 Uhr bzw. um 13 Uhr Zeit (je nach Perspektive).	
5b	TN ordnen die Verben den Bildern zu. **Lösung:** ein Eis essen, Sport machen, einen Film sehen, eine E-Mail schreiben, eine Zeitung lesen, einen Freund besuchen	
5c	KL zeigt die Fotos und fragt: „Wer ist das? Was machen sie?" TN hören den Skype-Dialog und ordnen die Aktivitäten aus 5b zu. Vergleich im PL. **Lösung:** L: Sport machen, ein Eis essen, eine E-Mail schreiben, einen Freund besuchen; S: einen Kuchen backen, eine Zeitung lesen, einen Film sehen	CD: Track 2.10
	BINNENDIFFERENZIERUNG: Langsamere TN beschränken sich auf eine Person.	
5d	TN schreiben Sätze zu den Personen. **Lösung:** Selma backt einen Kuchen, liest die Zeitung, sieht einen Film. Laura macht Sport, isst ein Eis, schreibt eine E-Mail, besucht einen Freund.	
	VARIANTE: TN schreiben in GA einen Text zu einer Person. ERWEITERUNG (▸ **Memory** – PA/GA): TN ordnen Wort und Bild einander zu.	KV

Erläuterungen zum Unterricht	Materialien
6a TN äußern Vermutungen zu den Geräuschen (KB geschlossen). TN lesen die Aktivitäten und klären die Bedeutung. TN hören noch einmal und ordnen zu. Vergleich im PL. **Lösung:** 2 Fußball spielen, 3 Freunde einladen, 4 Musik hören, 5 fernsehen, 6 die Familie anrufen, 7 Fahrrad fahren, 8 einkaufen	CD: Track 2.11
6b TN lesen die Aktivitäten, hören die Personen und kreuzen an. Vergleich im PL. **Lösung:** ausschlafen, Freunde einladen, fernsehen, Fußball spielen, ausgehen, Fahrrad fahren, einkaufen, die Familie anrufen, Sport machen, essen, trinken, Filme sehen	CD: Track 2.12–15
6c TN hören noch einmal und notieren die Namen. Vergleich im PL. **Lösung:** Laura, Selma, Laura, Markus, Roman BINNENDIFFERENZIERUNG: Langsamere TN beschränken sich auf eine Person.	
6d KL erklärt anhand von *einladen* (auf Kärtchen, zerschnitten), was ein trennbares Verb ist, und dass das Präfix ans Satzende kommt. TN markieren in den Sätzen aus 6c die trennbaren Verben und ergänzen den Fokus. Die Verben und Sätze werden an Tafel/IAW gesammelt. BINNENDIFFERENZIERUNG: Langsamere TN notieren nur einen Satz aus 6c im Fokuskasten, schnellere TN notieren weitere Sätze in einer Tabelle im Heft.	Kärtchen trennbare Verben, Schere
6e KL schreibt *einladen* an, fragt nach dem Wortakzent, spricht „einladen" mit übertriebenem Wortakzent vor und klatscht die Silben. TN hören die Infinitive und markieren den Wortakzent. Beim zweiten Hören sprechen sie nach. KL fragt TN, wo bei trennbaren Verben der Wortakzent liegt (auf dem Präfix). **Lösung:** einladen, ausgehen, einkaufen, ausschlafen, fernsehen, mitbringen ERWEITERUNG (PA): TN sprechen die Infinitive mit Silbenklatschen und übertriebener Betonung auf dem Wortakzent.	CD: Track 2.16
6f TN lösen die erste Frage im PL und schreiben dann alle Fragen auf. **Lösung:** 1. Wann lädst du Freunde ein? 2. Gehst du gerne aus? 3. Um wie viel Uhr stehst du am Wochenende auf? 4. Wie lange siehst du am Abend fern? 5. Fährst du gerne Fahrrad? 6. Wann kaufst du ein? VARIANTE: TN üben die Sätze als ▶ **lebende Sätze**.	Zettel
UND SIE? GA (3–5 TN): TN schreiben Aktivitäten auf Kärtchen und legen sie gemischt auf Stapel. Frage-runde: A zieht Karte, stellt B Frage *(Wann …?)*. B antwortet usw. BINNENDIFFERENZIERUNG: TN wählen, ob sie in GA spielen wie oben beschrieben oder in EA die Fragen aus 6f schriftlich beantworten.	Kärtchen

Erläuterungen zum Unterricht	Materialien
7a KL erklärt Bedeutung von *die Einladung*. KL fragt, wofür sie ist (Filmabend), wer einlädt (Roman) und wann der Filmabend ist. TN suchen die Antwort. **Lösung:** Der Filmabend ist am Freitag um 20 Uhr.	
7b TN lesen die Fragen und suchen die Antworten im Text in PA, dann Vergleich im PL. **Lösung:** Der Film heißt „Das Parfum". Nein, Roman kauft Chips, Popcorn und Brezeln. Die Telefonnummer von Roman ist 0151-32298756. BINNENDIFFERENZIERUNG: Schnellere TN formulieren eine weitere Frage zum Text, tauschen sie mit einem anderen TN und beantworten sie.	
7c Differenzierungsaufgabe: KL fragt, wie man Roman antworten kann. TN schreiben eine SMS oder machen sich Notizen für die Antwort für den Anrufbeantworter. Vergleich im PL.	
7d TN spielen das Kettenspiel, evtl. als ▶ **Ballrunde**	Ball
VORHANG AUF Bei dieser handlungsorientierten Aufgabe üben TN den Wortschatz mithilfe von Pantomime. KL spielt vor, TN raten. TN, der/die errät, macht weiter usw. VARIANTE: TN erhalten ein Kärtchen mit einer Aktivität aus Kapitel 5.	Video K5 Kärtchen

6 Das schmeckt gut!

Lernziele/Sprachhandlungen

Sprechen	Einkaufsgespräche führen*; Preise erfragen*; Vorlieben nennen; Komplimente machen; über Essgewohnheiten sprechen
Hören	Einkaufsgespräche, Interviews über Essvorlieben verstehen
Schreiben	eine Einladung, einen Einkaufszettel schreiben
Lesen	einen Einkaufszettel, eine Einladung zum Abendessen, einen Zeitungsartikel verstehen
Beruf	Verkaufsgespräche führen

Lerninhalte

Redemittel	Ich hätte gerne ein Kilo Tomaten.; Was kostet ein Kasten Wasser?; Ich finde den Salat fantastisch!; So frühstückt man in Deutschland. Und bei Ihnen?
Wortschatz	Lebensmittel, Mengenangaben und Verpackungen
Grammatik	Verben mit Akkusativ; Artikel und Nomen: Akkusativformen; Verben mit Vokalwechsel *(mögen, nehmen)*
Aussprache	Wortakzent; *ü*-Laut

	Erläuterungen zum Unterricht	Materialien
1a	KL fragt „Was sehen Sie auf den Bildern?" TN decken den Einkaufszettel ab und suchen bekannten Wortschatz. KL schreibt auf Zuruf Wörter an. BINNENDIFFERENZIERUNG: KL gibt Zeit vor, TN decken Einkaufzettel ab und notieren in PA möglichst viele Wörter (mit/ohne Artikel, nur im Sg./auch im Pl.). Das Paar mit den wenigsten Wörtern schreibt diese an, das Paar mit den zweitwenigsten ergänzt usw.	
1b	TN lesen die Namen der Gerichte, hören das Gespräch und nennen das Gericht. **Lösung:** B	CD: Track 2.23
1c	TN lesen den Einkaufszettel und äußern Vermutungen, was Senia braucht. Sie hören das Gespräch noch einmal und markieren die Lebensmittel. Vergleich im PL. Bei Bedarf Wortschatz mithilfe der Fotos bei Aufgabe 2b klären. **Lösung:** Reis, Zucchini, Paprika, Zwiebeln, Karotten, Pilze	

	Erläuterungen zum Unterricht	Materialien
2a	KL lässt Foto beschreiben. KL schreibt *Verkäufer/in* und *Kunde/Kundin* (Senia) an Tafel/IAW. TN ordnen in PA die Sätze zu. Vergleich im PL. **Lösung:** Senia = 1, 3, 6, 9, Verkäuferin = 2, 4, 5, 7, 8	CD: Track 2.24
2b	TN klären im PL, wie die Lebensmittel heißen. KL fragt: „Was kauft Senia?" TN hören noch einmal und kreuzen an. Vergleich im PL. **Lösung:** Zucchini, Paprika, Zwiebeln, Karotten, Salat	
2c	TN hören Dialog 1 und lesen die Sätze mit. KL weist auf den Satzakzent hin. TN üben in GA den Dialog mit übertriebener Betonung und verwenden die Lebensmittel aus 2b. Mit Dialog 2 („Was kosten…?") genauso.	CD: Track 2.25–26
2d	TN notieren in PA zu jeder Mengenangabe mindestens ein Lebensmittel. KL sammelt im PL. TN üben: A nennt Lebensmittel, B sagt, wie sie/er es kauft usw.	
2e	Spiel („Kofferpacken"): TN lesen das Beispiel. A sagt: „Ich hätte gerne einen Kasten Wasser. Was hätten Sie gerne?" B wiederholt, fügt ein Element hinzu und fragt C usw. TN, die schon dran waren, achten darauf, ob die nächsten TN „ihr" Lebensmittel nennen und helfen bei Bedarf.	

	Erläuterungen zum Unterricht	Materialien
3	KL fragt nach der Textsorte (Werbeprospekt). Zwei TN lesen die Sprechblasen vor. KL sammelt Preisvorschläge im PL. KL führt die Begriffe *billig/günstig* und *teuer* ein. TN erfinden Preise für die Lebensmittel und tragen sie ein. PA: TN fragen sich mit den Redemitteln nach den Preisen.	

		Materialien
	VARIANTE (PA): TN erfinden Preise für die Lebensmittel. Der Kurs wird in zwei Hälften geteilt: Ein Partner bleibt als „Verkäufer" bei dem Prospekt, der andere erhält ein Kärtchen mit einem der Lebensmittel. Er geht von „Laden" zu „Laden" und sucht das günstigste/teuerste Angebot. TN berichten im PL.	Kärtchen mit Lebensmitteln
	ERWEITERUNG/BINNENDIFFERENZIERUNG: TN recherchieren Preise für ein Lebensmittel (z. B. vor Ort, Werbeprospekte, im Internet unter www.aktionsfinder.de oder mit der App kaufDA). Bericht im PL.	Werbeprospekte, Internet
	ERWEITERUNG (Inland) / MINI-EXKURSION: TN recherchieren Preise für ein bestimmtes Lebensmittel z. B. auf dem Wochenmarkt. Präsentation im PL.	

UND SIE? a	KL fragt: „Was haben Sie im Kühlschrank? Was brauchen sie alles?" TN schreiben eine Einkaufs-liste mit „ihren" Lebensmitteln und benutzen bei Bedarf das Wörterbuch.	
b	PA oder GA: TN berichten, welche Lebensmittel sie brauchen.	
	INTERKULTURELLE PERSPEKTIVE: Bei Inlandskursen listen TN in heterogenen Paaren/ Gruppen typische Lebensmittel aus ihrem Heimatland auf.	
c	PA: TN schreiben in PA Einkaufsdialoge und verwenden dabei die Redemittel und die Einkaufs-listen aus 3a. Dann spielen TN die Dialoge im PL vor.	

Erläuterungen zum Unterricht		**Materialien**
4a	KL fragt zu den Mitteilungen: „Was ist das? Wer schreibt hier?" (Mitteilungen auf Handy/SMS, Senia und Ron). TN lesen und beantworten die Fragen. **Lösung:** Ron kommt um 6. Senia kocht Gemüsereis. Ron macht Salat und bringt Wein mit.	
	BINNENDIFFERENZIERUNG: Langsamere TN markieren die Antworten im Text, schnellere TN markieren die passenden Stellen und schreiben Antwortsätze. ERWEITERUNG: KL zeigt nur eine Nachricht. TN lesen diese. KL fragt: „Was antwortet Ron?" TN äußern Vermutungen. Dann weiter wie im KB.	
4b	Zur Wiederholung des unbest. Artikels und Negativartikels im Akk.: ÜB 4b. KL schreibt die drei Formen des Artikels an und erklärt, dass nach den Verben *haben*, *kaufen* und *brauchen* immer ein Akkusativobjekt steht. TB:	

Ich kaufe   *einen Salat.*   *haben*

            ein Brot.   *kaufen*   + Akkusativ

            eine Packung Spaghetti.   *brauchen*

	KL weist auf den Tipp hin sowie darauf, dass *möchten* aus Kapitel 4 auch den Akkusativ braucht. TN lesen die Beispielsätze und schreiben weitere Sätze.	
	ERWEITERUNG (▶ **Ballrunde**): KL sagt „Ich brauche …" und wirft A den Ball zu. A beendet den Satz, beginnt einen neuen, z. B. „Ich kaufe …", wirft B den Ball zu usw.	Ball
4c	Bei der Differenzierungsaufgabe wählen TN, ob sie in EA eine Einladung schreiben oder in PA eine Einladung am Telefon spielen. Als Modell dient die Mitteilung aus 4a. KL sammelt vorab Redemittel an der Tafel oder markiert sie am IAW in den Mitteilungen. Präsentation der Ergebnisse im PL.	
	BINNENDIFFERENZIERUNG: Schnellere TN tauschen ihre Einladungen aus und schreiben eine Antwort. ERWEITERUNG/LÜCKENDIKTAT/BINNENDIFFERENZIERUNG: TN erhalten die Texte mit Lücken. KL diktiert und TN ergänzen. Schnellere TN schreiben das Diktat frei. Alternativ diktieren sich TN die Texte: A erhält die linke Nachricht komplett, B den Lückentext, umgekehrt mit der rechten Nachricht. TN diktieren sich gegenseitig und korrigieren ihre Texte anhand der Lösungen.	KV

Erläuterungen zum Unterricht		**Materialien**
5a	TN hören die Dialoge und ordnen sie den Fotos zu. Vergleich im PL. **Lösung:** Dialog 1: C, Dialog 2: B, Dialog 3: A	CD: Track 2.27–29
5b	TN lesen die Dialoge in PA.	

5c	TN markieren die Artikel in den Dialogen. KL schreibt Dialog 1 an die Tafel / zeigt ihn auf IAW, fragt nach den Artikeln und markiert sie. TN machen weiter in EA und ergänzen die Tabelle. Vergleich im PL. KL erklärt, dass sich im Akkusativ der bestimmte Artikel nur bei *der*, d.h. im Maskulinum, ändert und dass die Artikel *das* und *die* im Nominativ und Akkusativ gleich sind. **Lösung:** den, das, die, die	

5d	TN klären die Bedeutung der Verben im PL. KL fragt: „Was kann man braten, kochen etc.?" TN lesen die Nomen und ordnen im PL die Verben zu. KL schreibt eine Modellantwort an: *Ich brate das Fleisch.* TN schreiben weitere Sätze. Dann üben TN mündlich im PL/GA: A nennt ein Nomen, B bildet einen Satz und nennt ein weiteres Nomen, mit dem C einen Satz bildet usw.	
	BINNENDIFFERENZIERUNG: Langsamere TN wählen aus jeder Gruppe ein Nomen und schreiben einen Satz. Schnellere TN schreiben weitere Sätze.	
	ERWEITERUNG/SPIEL (GA/2–4 TN): Die Lebensmittelkärtchen werden verteilt, die Verb-Kärtchen kommen auf einen Stapel. A zieht eine Verb-Karte und stellt B eine Was-Frage, z. B. „Was möchtest du essen?". B wählt ein Lebensmittel und antwortet z. B. „Ich esse eine Tomate." Ist der Satz grammatisch richtig, legt B die Lebensmittel-Karte ab, die Verb-Karte kommt wieder unter den Stapel (wichtig: grammatikalische Richtigkeit, Nonsens-Sätze sind erlaubt). Ist der Satz falsch, behält B die Karte. Dann zieht B eine Verb-Karte, stellt C eine Was-Frage usw. Wer zuerst alle Lebensmittel-Karten abgelegt hat, hat gewonnen.	KV

Erläuterungen zum Unterricht		**Materialien**
6a	Ohne KB: KL schreibt *sehr gut* an, spricht vor, fragt nach Wortakzent (lang oder kurz) und markiert ihn. TN lesen die Wörter, hören sie, sprechen sie nach und markieren den Wortakzent. Vergleich im PL. **Lösung:** fantạstisch – kọ̈stlich – spị̈tze – sụper	CD: Track 2.30
	ERWEITERUNG: TN sprechen die Wörter in PA mit übertriebenem Wortakzent und emotionaler Betonung.	
6b	KL erklärt die Spielregeln und zwei TN lesen die Sprechblasen vor. KL erinnert TN daran, dass der Artikel *der* im Akkusativ zu *den* wird und dass *finden* den Akkusativ braucht, *schmecken* aber nicht. In PA.	Würfel
VORHANG AUF	TN besprechen die Situationen. PA: TN planen Mini-Dialoge zu den Bildern, machen sich Stichpunkte und spielen die Dialoge im PL vor.	
	VARIANTE (GA): TN erhalten die Bilder auf Kärtchen, bringen sie in eine Reihenfolge und schreiben zu jedem Bild einen Mini-Dialog, sodass eine kleine Geschichte entsteht. Vorspiel im PL. VARIANTE: Je zwei TN erhalten ein Bild und schreiben einen Dialog. Vorspiel im PL: Das Paar mit Bild A beginnt, das mit Bild B macht weiter usw. BINNENDIFFERENZIERUNG: TN wählen, ob sie zu einem, mehreren oder allen Bildern Mini-Dialog schreiben.	Kopien der Bilder

Erläuterungen zum Unterricht		**Materialien**
7a	PL: TN betrachten die Fotos und benennen die Lebensmittel. TN äußern Vermutungen zur Überschrift. TN lesen den Text schnell und überprüfen ihre Vermutungen. TN lesen den Text und ordnen die Fotos zu. Vergleich im PL. TN sagen, welche Wörter und Sätze ihnen bei der Lösung geholfen haben. **Lösung:** 1B, 2C, 3A	
	ERWEITERUNG/BINNENDIFFERENZIERUNG (GA): TN wählen das Foto, das sie am meisten anspricht. GA (TN mit gleichem Foto): TN schreiben Wörter und/oder Sätze auf ein Plakat. Präsentation im PL. Weiter wie im KB/Variante. VARIANTE/BINNENDIFFERENZIERUNG: TN wählen ein Foto und suchen den passenden Textabschnitt. GA (TN mit gleichem Foto): TN schreiben Fragen zu „ihrem" Text. Austausch mit anderer Gruppe und Beantwortung der Fragen.	
7b	TN lesen die Sätze 1–3 und klären ggf. unbekannten Wortschatz. TN markieren Schlüsselwörter und entscheiden, ob die Aussagen richtig oder falsch sind. Vergleich im PL. **Lösung:** 1. R, 2. F, 3. R	

UND SIE?	GA (3–4 TN): TN fragen und antworten wie im Beispiel. Dann berichten sie im PL über Gemeinsamkeiten und Unterschiede, z. B. „Wir trinken morgens alle Kaffee. Anna und Thomas essen Brot, ich frühstücke nicht usw.".	
	INTERKULTURELLE PERSPEKTIVE (GA bei Inlandskursen, möglichst heterogene Gruppen): TN berichten über das Frühstück in ihrem Land.	
	VARIANTE (PA): TN interviewen sich gegenseitig und schreiben einen Text über die interviewte Person/stellen die Antworten im PL vor.	
	BINNENDIFFERENZIERUNG: TN wählen, ob sie in EA die Fragen zu sich selbst schriftlich beantworten oder sich in PA interviewen und im PL vorstellen.	

Erläuterungen zum Unterricht		**Materialien**
8a	Zur Wiederholung übt KL mit TN noch einmal die Aussprache von *e* und *ö* und erklärt dann, dass es bei *i* und *ü* genauso funktioniert: *ü* spricht man wie *i* mit gespitzten Lippen. Dann hören TN die Laute und sprechen nach.	CD: Track 2.31
8b	TN hören die Wörter und Sätze und sprechen nach.	CD: Track 2.32
	ERWEITERUNG: TN üben die Aussprache der Wörter und Sätze in PA, KL hilft TN, die Schwierigkeiten bei der Aussprache haben.	
8c	TN schreiben in PA weitere Sätze mit *ü*, üben sie und sprechen sie im PL vor.	
	INTERKULTURELLE PERSPEKTIVE: TN berichten, ob es in ihrer Sprache Wörter mit *ü* gibt und nennen Beispiele. TN, denen der *ü*-Laut leichtfällt, berichten, welche Buchstaben für sie im Deutschen schwer auszusprechen sind.	

Erläuterungen zum Unterricht		**Materialien**
9a	KL schreibt *Was mag Senia?* an und verdeutlicht die Bedeutung von *mögen* gestisch/mimisch oder indem KL sagt: „Äpfel, mmmhhh, lecker, ich mag Äpfel." TN hören den Dialog und beantworten die Frage. KL schreibt *Was mag sie nicht?* an. TN lesen den Dialog und antworten. Vergleich im PL, dabei verwenden TN die Redemittel aus den Sprechblasen. KL führt mithilfe des Grammatikkastens die Konjugation von *mögen* ein. **Lösung:** Käse, Milch, Obst, Gemüse, besonders Tomaten, Fleisch manchmal	CD: Track 2.33
	BINNENDIFFERENZIERUNG: TN wählen, ob sie den Dialog ohne Buch hören (schwer) oder ihn im Buch mitlesen (leicht) und die Antwort markieren.	
9b	TN hören die Dialoge und kreuzen an. Vergleich in PA: TN fragen sich gegenseitig: „Was mag Pablo?" – „Pablo mag ..." Dann Vergleich im PL. **Lösung:** Pablo: Salat, Äpfel; Ben: Tee, Mineralwasser; Eleni: Obst, Kuchen, Schokolade	CD: Track 2.34–36
	BINNENDIFFERENZIERUNG: Optional beantworten TN auch die Frage „Was mögen Pablo, Ben und Eleni nicht?" ERWEITERUNG: Vor dem Hören überlegen TN in PA, was Pablo, Ben und Eleni mögen, und markieren ihre Vermutungen.	
UND SIE? a	TN gehen im Raum herum, machen zwei bis drei Interviews und notieren die Antworten, indem sie die Lebensmittel unter + und – auflisten.	Video K6
	ERWEITERUNG: Paarbildung: TN notieren drei Lebensmittel, die sie mögen. TN suchen Partner, die mindestens eins davon auch mögen, indem sie herumgehen und die anderen TN fragen: „Was magst du?" Dann weiter mit den Interviews wie oben.	
b	GA (4–6 TN): TN lesen die Sprechblasen und berichten, was ihre Interviewpartner mögen und nicht mögen oder nicht essen.	
	ALTERNATIVE: Bei kleinen Gruppen als ▶ **Kettenübung** im PL: A fragt, B antwortet, fragt C usw. KL hilft bei Bedarf z. B. bei Bildung des Akkusativs. ERWEITERUNG (Lebensmittelranking): TN schreiben die fünf in der Gruppe (in den Interviews) am häufigsten genannten Lebensmittel auf Kärtchen. Gruppe 1 hängt ihre Kärtchen auf. Gruppe 2 hängt ihre Kärtchen dazu, doppelt genannte Lebensmittel wandern nach oben, bei Gruppe 3 ebenso usw.	

Haltestelle C

das Öl, -e

	Erläuterungen zum Unterricht	Materialien
1a	PA/GA (je nach Foto 2–3 TN): TN wählen ein Bild und schreiben dazu einen Dialog.	
	VARIANTE: KL schreibt die Buchstaben der Fotos auf Kärtchen (Anpassung an Kursgröße: Fotos auslassen, doppelt verwenden). PA/GA gemäß den Kärtchen. Weiter wie oben.	Kärtchen
1b	TN spielen den Dialog, die anderen TN ordnen das passende Foto zu und sagen, ob der Dialog in der Du- oder Sie-Form ist.	

	Erläuterungen zum Unterricht	Materialien
2	PA: TN überfliegen die Dialoge, suchen sich einen aus und sprechen den Dialog über die Distanz sehr laut. Alle TN sprechen ihre Dialoge gleichzeitig.	Zettel
	VARIANTE (▶ **Kugellager** – Innen- und Außenkreis mit 4 m Abstand): TN sprechen Dialog 1 laut, wechseln zum nächsten TN für Dialog 2 usw.	
	ERWEITERUNG: Als Kontrast stellen TN sich ganz nah zueinander und lesen die Dialoge deutlich im Flüsterton. Danach lesen sie den Dialog noch einmal so schnell sie können.	

	Erläuterungen zum Unterricht	Materialien
3a	KL schreibt zwei Sätze an, einer falsch, z. B.: *Ich stehe immer um 7 Uhr morgens auf. Ich frühstücke um 9 Uhr*. (Kursbeginn um 8.30 Uhr). KL fragt: „Stimmt das?" TN raten. TN schreiben Sätze.	
3b	PA: TN tauschen die Sätze. A liest die Sätze von B, wählt einen aus und fragt, ob dieser Satz falsch ist. B antwortet, wählt einen Satz von A usw.	
	VARIANTE (GA, 4–6 TN): TN schreiben trennbare Verben (evtl. weitere) auf Kärtchen und legen die Kärtchen auf einen Stapel. A zieht Kärtchen, sagt einen Satz über sich und die anderen TN raten, ob der Satz falsch/richtig ist.	Kärtchen für Verben

	Erläuterungen zum Unterricht	Materialien
4a	TN betrachten die Bilder und tauschen sich in PA darüber aus, welche Spezialitäten sie kennen und welche sie (nicht) mögen.	
4b	TN ordnen die Texte den Fotos zu. Vergleich erst in PA, dann im PL. **Lösung:** 1A, 2D, 3F, 4E, 5B, 6C	
	ERWEITERUNG: TN berichten über Speisen aus D-A-CH, die sie (nicht) mögen. ERWEITERUNG (Inland): TN schreiben einen Text über eine Spezialität aus ihrer Heimat, suchen im Internet ein Foto und stellen sie im PL vor. VARIANTE (a+b, GA): KL kopiert die Fotos und Texte für jede Gruppe und schneidet sie auseinander. TN ordnen zu und markieren Schlüsselwörter.	Kopien der Texte und Fotos, Schere

	Erläuterungen zum Testtraining	Materialien
1	Hören Teil 1 mit vier Items. **Lösung:** 1b, 2a, 3b, 4b	CD: Track 2.46–50
2a	KL erklärt, dass die Vorstellung in jeder Prüfung immer gleich ist und dass TN sich daher sehr gut darauf vorbereiten können. **Lösung:** 2. 33, 3. Italien, 4. Dresden, 5. Italienisch, Englisch und ein bisschen Deutsch, 6. Schauspielerin, 7. Fahrrad fahren und Lesen	CD: Track 2.51
2b	TN schreiben ihren eigenen Vorstellungstext.	
2c	TN stellen sich vor unter Verwendung der Sätze aus 2b und der Stichwörter aus 2a.	
	ERWEITERUNG: TN schreiben die Stichwörter auf Kärtchen. PA: A zieht ein Stichwort, stellt B die Frage, A antwortet, zieht die nächste Karte usw.	Kärtchen für Stichwörter
2d	TN üben damit in PA buchstabieren und die Zahlen.	

7 Meine Familie und ich

Lernziele/Sprachhandlungen

Sprechen	über Familie sprechen; Angaben zum Familienstand machen*; sagen, was ich mag und was ich nicht mag*; sagen, was ich tun kann und was ich tun muss; Smalltalk machen; um Hilfe bitten
Hören	eine Terminvereinbarung treffen
Schreiben	über ein Fest schreiben
Lesen	eine Familien-Homepage, E-Mails über die Planung eines Fests und Berichte über eine Feier lesen
Beruf	ein Fest in der Firma planen

Lerninhalte

Redemittel	Mein Bruder wohnt in Köln.; Ist das seine Schwester?; Ihre Lieblingsfarbe ist rosa.; Kannst du am Freitag Anna vom Kindergarten abholen? Nein, ich muss zum Arzt.; Das Fest war sehr schön.; Wir hatten viel Spaß.
Wortschatz	Verwandtschaftsbezeichnungen, Farben, Familienstand
Grammatik	Possessivartikel 3. Person Singular *(sein/ihr)*; Modalverben *können* und *müssen* (Konjugation, Bedeutung und Satzklammer); Präteritum von *sein* und *haben*
Aussprache	lange und kurze Vokale; ich-Laut und ach-Laut, Umlaute

Erläuterungen zum Unterricht	**Materialien**
1a TN äußern Vermutungen zu den Personen auf dem Foto, lesen die Verwandtschaftsbezeichnungen und schlagen neue Wörter nach.	
ERWEITERUNG (GA, 3–4 TN, ohne KB): TN erhalten Zettel mit Verwandtschaftsbezeichnungen *(Schwester, Bruder, …)* und ordnen diese nach einem System.	KV
BINNENDIFFERENZIERUNG: Schnellere TN ergänzen mithilfe des Wörterbuchs die Pluralformen oder weitere Verwandtschaftsbezeichnungen.	
ERWEITERUNG: KL zeigt die Fotos und die Kapitelüberschrift, erklärt, dass die Fotos von Lenas Familie sind und fragt: „Was denken Sie, wer ist wer?" TN äußern Vermutungen („Horst ist vielleicht der Vater."). Dann weiter wie im KB.	
1b KL schreibt *die Mutter* und *der Vater* an, spricht die Wörter vor, markiert die Vokale wie im KB und erklärt, dass der Vokal bei *Mutter* kurz und bei *Vater* lang gesprochen wird. TN hören die Wörter und markieren die fett gedruckten Vokale. Vergleich im PL.	CD: Track 2.52
Lösung: die Mu̲tter, der Va̲ter, die To̲chter, der So̲hn, die O̲ma, der O̲pa, der Bru̲der, die Schwe̲ster, die Ta̲nte, der O̲nkel, die E̲ltern, die Ki̲nder, die Geschwi̲ster, die Gro̲ßeltern	
ERWEITERUNG (GA): Jede Gruppe erhält einen doppelten Satz Kärtchen mit Familienbezeichnungen und spielt damit ▶ **Memory**.	KV
1c TN lesen die Sätze, betrachten die Fotos und überlegen in PA, welcher Satz richtig oder falsch ist. Dann hören sie den Dialog und kreuzen an. **Lösung:** 1. F, 2. R, 3. F, 4. R, 5. R	CD: Track 2.53
1d KL wiederholt kurz den Possessivartikel *mein.* TB:	

der Vater = Das ist **mein** Vater.
die Mutter = Das ist **meine** Mutter.
die Eltern = Das sind **meine** Eltern.

GA (3 TN): TN lesen die Sprechblasen und berichten über ihre Familie.

ERWEITERUNG: TN bringen Fotos ihrer Familien mit oder zeigen Fotos auf dem Smartphone und berichten über die Personen.	Familienfotos Plakate
ERWEITERUNG: TN machen in EA ein Plakat zu ihrer Familie (wie in ÜB 1b) und stellen es in GA vor.	KV
ERWEITERUNG (GA): Jede Gruppe erhält Kärtchen mit Verwandtschaftsbezeichnungen. A zieht ein Kärtchen, z. B. *Schwester* und erzählt etwas über ihre/seine Schwester, B zieht das nächste Kärtchen usw.	

	Erläuterungen zum Unterricht	Materialien
2a	TN benennen die Textsorte (Homepage) und äußern Vermutungen zum Inhalt. KL fragt nach Inhalt. TN lesen die Verwandtschaftsbezeichnungen. TN überfliegen die Texte und kreuzen an. Vergleich im PL. KL erklärt anhand des Grammatikkastens und weiterer Beispiele die Bedeutung des Genitiv-s, ohne jedoch auf die Terminologie einzugehen. **Lösung:** Lenas Kinder und Lenas Geschwister.	
2b	TN lesen die Sätze, klären den Wortschatz und suchen die Personen. TN vergleichen in PA durch Fragen und Antworten. Evtl. noch Vergleich im PL. **Lösung:** 1. Andreas, 2. Ines, 3. Lena, 4. Anna, 5. Michael, 6. Jonas	
	ERWEITERUNG: KL führt die Begriffe *verliebt, ledig, verheiratet* und *geschieden* aus der Homepage ein. TN bearbeiten dazu ÜB 2a+b.	
2c	KL fragt: „*Andreas: sein Beruf* – Wo steht das auf der Homepage?" TN suchen Stelle. TN ergänzen die Possessivartikel. KL erklärt, dass der Possessivartikel zu *er = sein* und *sie = ihr* ist und dass die Endungen funktionieren wie bei *mein*. KL zeigt den Stift eines männlichen TN und sagt „... (Name) und sein Stift", KL zeigt den Stift von einer weiblichen TN und sagt „... (Name) und ihr Stift". **Lösung:** sein, seine, seine; ihr, ihre, ihre	
2d	TN lesen die Sprechblasen und schreiben zu jeder Person eine Kombination mit dem passenden Possessivartikel auf.	
	BINNENDIFFERENZIERUNG: TN wählen, ob sie nur Kombinationen wie im KB bilden oder Sätze zu den Personen: „Das ist Jonas. Sein Lieblingsessen ist ..." VARIANTE (PA): TN schreiben die Wörter auf Kärtchen und legen sie auf zwei Stapel: Namen, andere Wörter. A zieht von jedem Stapel eine Karte und bildet die Kombination mit Possessivartikel, B macht weiter usw. ERWEITERUNG: TN schreiben Sätze über andere TN: *Anna und ihr Handy* usw.	Kärtchen

	Erläuterungen zum Unterricht	Materialien
3a	TN wiederholen anhand der Fotos die Verwandtschaftsbezeichnungen; z. B.: „Jonas ist der Sohn." TN überlegen in PA, zu welcher Person die Sätze passen. TN hören die Telefongespräche und notieren die Namen. Vergleich im PL. **Lösung:** linke Spalte: Lena, Andreas; rechte Spalte: Michael, Jonas, Ines.	CD: Track 2.54–55
	BINNENDIFFERENZIERUNG: Schnellere TN notieren zu jedem korrigierten Satz den Fehler auf der Homepage.	
3b	KL führt die Farben ein. Dann lesen TN den Zettel von Milan und schreiben einen Text über sich auf Zettel/Vorlagen, die eingesammelt und neu ausgeteilt werden. KL liest ein Beispiel ohne Namensnennung vor und verwendet Possessivartikel, also *mein/e* durch *sein/e* oder *ihr/e*. TN raten. Die vorgestellte Person macht weiter.	KV
	ERWEITERUNG (PA oder GA): A sucht sich einen Gegenstand im Raum aus und sagt: „Es ist weiß. Was ist das?" Die anderen TN raten. B macht weiter usw.	

	Erläuterungen zum Unterricht	Materialien
4a	KL schreibt *ch* an und TN nennen Beispiele. TN hören die Wörter und achten auf die Aussprache von *ch*. KL fragt nach Unterschieden, spricht übertrieben ein Beispiel mit ich-Laut und eines mit ach-Laut. Regel: Nach hellen Vokalen und Umlauten *(e, i, ä, ü, ö):* ich-Laut, nach dunklen Vokalen: ach-Laut. TB: *ich-Laut: e, i, ä, ö, ü ach-Laut: a, o, u* Evtl. Erklärung zur Lautbildung: Laute im Rachen bilden wie beim Gurgeln mit Wasser, beim ich-Laut die Zunge nach hinten oben an den Gaumen drücken, beim ach-Laut die Zunge entspannt unten lassen. PA: TN üben die Wörter.	CD: Track 2.56
4b	TN lesen im PL die Sprechblasen und die Wörter. PA: TN bilden Sätze mit den Wörtern, üben die Aussprache und sprechen sie im PL vor.	

UND SIE?	GA (4/6 TN): TN lesen die Fragen und schreiben in GA weitere Fragen. KL sammelt an Tafel/IAW. TN wählen drei bis fünf Fragen, machen in PA Interviews. TN lesen die Sprechblase und stellen die Familie des Partners / der Partnerin in ihrer Gruppe vor.
	PROJEKT/BINNENDIFFERENZIERUNG: TN wählen, ob sie eine Homepage in EA zur eigenen Familie oder in GA zu einer Phantasiefamilie erstellen und wie sie diese im Kurs präsentieren (z. B. Plakat oder Blog).

Erläuterungen zum Unterricht		Materialien
5a	TN äußern Vermutungen, was Lena auf dem Foto macht. TN lesen die Überschrift und KL fragt nach dem Fest, das sie vorbereitet. TN überfliegen den ersten Blogeintrag (Firmenfeier). KL fragt nach dem Problem. TN antworten mithilfe des Blogs und der SMS. Bei Bedarf weitere Fragen. **Lösung:** Lena und Ron können die Räume nicht für die Firmenfeier vorbereiten. Sie haben am Freitagnachmittag keine Zeit.	
5b	TN lesen die Aussagen, klären Wortschatz im PL und prüfen anhand der Texte aus 5a, ob die Aussagen richtig oder falsch sind. TN markieren in den Texten die Stellen, die ihnen bei der Lösung geholfen haben. Vergleich im PL. **Lösung:** 1. F, 2. R, 3. R, 4. F	
	BINNENDIFFERENZIERUNG: Schnellere TN schreiben die falschen Aussagen in richtige Aussagen um.	
5c	KL fragt, wen Lena noch fragt (ihre Eltern). TN hören das Telefonat, lesen mit und ergänzen den Text. **Lösung:** 3 Uhr, um 7 Uhr	CD: Track 2.57
	ERWEITERUNG: TN lesen das Telefongespräch in PA.	
5d	TN ergänzen die Formen von *können* und *müssen*. Vergleich im PL: KL ergänzt die Formen im Fokuskasten an Tafel / auf IAW. Bedeutung von *können: hier* möglich / nicht möglich; *müssen: hier*: Notwendigkeit. ÜB 5 zur Verständnissicherung. **Lösung:** kannst, kann, könnt; muss, müsst	
5e	TN ergänzen mithilfe der Informationen aus 5a und c. Vergleich im PL. **Lösung:** 2. Freitag, 3. Arzt, 4. Anna	

Erläuterungen zum Unterricht		Materialien
6a	KL fragt, wer an wen schreibt und was das Thema ist (E-Mail von Lena an ihre Kolleginnen und Kollegen, Betreff Firmenfeier). KL fragt: „Was fehlt noch für die Firmenfeier?" TN lesen die E-Mail und kreuzen die passenden Wörter an. **Lösung:** die Torte, die Blumen	
6b	TN markieren die Modalverben in der E-Mail. Ergänzen der Tabelle im PL. KL fragt nach der Stellung von Modalverb und zweitem Verb und erklärt die Satzklammer: Die Modalverben *können* und *müssen* stehen konjugiert auf Position 2, das zweite Verb steht im Infinitiv am Satzende.	
6c	TN schreiben die Antworten von Lenas Kollegen. Vergleich im PL. **Lösung:** Sara: Ich kann die Torte backen. Lisa: Ich kann die Blumen kaufen. Stefan und Katrin: Wir können die Räume vorbereiten.	
	VARIANTE (GA, vier Gruppen): TN erhalten die Sätze als ▶ **Satzpuzzle** und präsentieren die richtige Reihenfolge als ▶ **lebenden Satz**.	Text als Satzpuzzle
	BINNENDIFFERENZIERUNG (EA/PA): TN wählen eine Person aus und schreiben wahlweise eine Antwortmail an Lena oder spielen einen Telefonanruf. BINNENDIFFERENZIERUNG: Langsamere TN: ÜB 6a, schnellere TN: ÜB 6b.	
UND SIE?	TN lesen Sprechblasen und Redemittel. KL spielt einen Dialog vor. TN üben in PA, indem sie mit den Redemitteln aus dem Kasten fragen und antworten.	

Erläuterungen zum Unterricht	Materialien
7a	TN überlegen mithilfe der Fotos und Stichwörter, über welche Themen die Personen auf den Fotos sprechen. Sie hören die Dialoge und ordnen die Themen und die Dialoge den Fotos zu. **Lösung:** Musik: 4D, Essen: 3C, Wohnen: 2A, Personen: 1B	CD: Track 2.58–61
	BINNENDIFFERENZIERUNG (PA): Jedes Paar erhält ein Foto, wählt ein Thema und schreibt einen kleinen Dialog. Präsentation im PL. Dann weiter wie im KB.	
7b	TN lesen die Sätze 1–4 und a)–d) und ordnen sie zu wie im Beispiel. Zur Kontrolle hören sie die Dialoge noch einmal. Vergleich im PL. **Lösung:** 1. d), 2. b), 3. c), 4. a)	
	VARIANTE (GA, für 7a+b): KL kopiert für jede Gruppe Fotos und Themen (7a) und Dialogstücke (7b) und zerschneidet sie. TN ordnen Fotos, Themen und Dialoge einander zu. Kontrolle mithilfe der Dialoge, Vergleichen im PL.	Kopien von 7a+b, zerschnitten

Erläuterungen zum Unterricht	Materialien
8a	KL zeichnet drei Smileys an und fragt: „Wie war das Fest für Lena – sehr schön, es geht oder schrecklich?" und deutet auf die Smileys. TN äußern Vermutungen. TN lesen die drei SMS und kreuzen Smileys an. Vergleich im PL. **Lösung:** Lena 😊, Jonas ☹, Michael 🙂	
8b	KL erklärt, dass man das Präteritum benutzt, wenn man über Dinge spricht, die in der Vergangenheit passiert sind, also z. B. gestern. TB: *gestern: Lena* hatte *viel Stress.* *heute: Lena* hat *Zeit.* TN markieren Formen von *haben* und *sein* im Präteritum in den Texten aus 8a. TN lesen die Sprechblasen und sprechen in PA über die Texte. Als Überleitung zu 8b fragt KL: „Was möchte Lena heute machen?" (spazieren gehen) **Lösung:** Lena: war, hatten, war, war, waren, hatte, waren, war; Jonas: war, hatte, war, war; Michael: war, war, hatten, war	
	BINNENDIFFERENZIERUNG (8a+b): Langsamere TN bearbeiten nur eine SMS.	
8c	KL suchen die Antwort auf Lenas Frage aus 8b (Gehen wir heute spazieren?). TN ergänzen anhand des Textes Formen von *haben* und *sein* im Präteritum. **Lösung:** warst, hatten, waren, waren, waren, hatten, hatten, war, war, Wart, wart	
	BINNENDIFFERENZIERUNG: Für TN mit Schwierigkeiten bei der Zuordnung von *haben* und *sein* kopiert KL den Text und ergänzt das jeweilige Verb im Infinitiv, sodass TN nur die passende Form im Präteritum bilden müssen.	Kopie des Texts
8d	TN lesen die Stichwörter und den Beispielsatz. Dann schreiben sie einen kleinen Text über ein Fest, das sie besucht haben, oder über ein Phantasiefest.	
	VARIANTE (PA/GA): TN schreiben einen Text zu einem Phantasiefest. Vorstellung im PL. Die anderen TN beurteilen, wie das Fest war. Alternativ hängen die Gruppen ihre Texte auf. TN gehen herum, lesen die Texte und kleben/zeichnen unter jeden Text den passenden Smiley. BINNENDIFFERENZIERUNG: TN wählen, ob sie in EA oder PA eine SMS oder eine E-Mail schreiben oder ob sie ein Gespräch über das Fest spielen. ERWEITERUNG: KL fragt „Wie war der Deutschkurs?" und TN sprechen in GA mithilfe der Stichwörter über den Kurs.	Smiley-Aufkleber
8e	KL schreibt Heute haben wir Unterricht. an und fragt: „Was war gestern?" TN antworten, KL schreibt an: Gestern hatten wir auch/keinen Unterricht. TN lesen Aufgabe und Sprechblasen und machen ▶ **Kettenübung** (PL/GA).	
VORHANG AUF	PL: TN sprechen über die Szenen. PA: TN wählen ein Bild und schreiben Dialog oder üben ihn nur mündlich ein. Präsentation im PL.	Video K7
	VARIANTE (PA): KL kopiert die Bilder sowie die Bilder aus ÜB Leichter Lernen c (ohne Sprechblasentext) doppelt (je nach Kursgröße). TN erhalten ein Bild und schreiben mit Partnern mit gleichem Bild einen Dialog und spielen ihn vor.	Kopien Bilder

8 Der Balkon ist schön.

Lernziele/Sprachhandlungen

Sprechen	Gäste begrüßen; Wohnungen beschreiben; Willen/Absicht ausdrücken; sagen, was erlaubt und was verboten ist
Hören	Gespräche bei Wohnungsbesichtigungen verstehen
Schreiben	über die eigene Wohnung berichten
Lesen	Ratschläge zur Wohnungssuche, Wohnungsanzeigen*, Informationen einer Hausordnung*, Information zu Wohnen in Deutschland verstehen

Lerninhalte

Redemittel	Das Wohnzimmer ist sehr hell. Die Küche ist zu klein.; Gibt es einen Balkon?; Ich will eine Pause machen.; Die Mieter dürfen nach 22:00 Uhr keine Musik machen.; Wie wohnt man in Deutschland?; Wie hoch sind die Nebenkosten?
Wortschatz	Wohnung und Zimmer; Abkürzungen in Wohnungsanzeigen; Gegensatzpaare (Adjektive); Zahlen über 100
Grammatik	Adjektive prädikativ; *sehr/zu* mit Adjektiv; *es gibt* + Akkusativ; Modalverben *wollen* und *dürfen*; Possessivartikel Plural (*unser, euer, ihr*)
Aussprache	Satzakzent bei Aufzählungen

Erläuterungen zum Unterricht	**Materialien**
1a KL fragt, was Personen (Selma, Markus, Lena) auf Foto machen. TN äußern Vermutungen. TN lesen und überlegen in PA, was Selma und Markus möchten.	
ERWEITERUNG (GA): Jede Gruppe erhält die Fotos. KL fragt: „Was passiert hier?" TN notieren Ideen und präsentieren diese im PL. Dann weiter wie im KB.	Kopie der Fotos
1b TN hören das Gespräch, markieren die passenden Aktivitäten in 1a und vergleichen sie mit ihren Vermutungen. Vergleich im PL. **Lösung:** Lena und Andreas besuchen, mit Lena und Andreas essen, die Wohnung ansehen	CD: Track 2.67
1c KL fragt nach Gast, Gastgeber (G: Selma, Markus; GG: Lena, Andreas). TN lesen die Sätze, hören das Gespräch noch einmal und ordnen zu. Vergleich im PL. **Lösung:** GG = 1, 3, 5, 7; G = 2, 4, 6	
1d KL schreibt die Redemittel aus 1c an / projiziert Sie auf IAW. Ggf. ergänzt KL auf Zuruf weitere Redemittel. GA (2–4 TN): TN spielen Begrüßungen.	
ERWEITERUNG: TN spielen Dialoge im ▶ **Kugellager:** 1. Runde: Innenkreis Gäste, Außenkreis Gastgeber, 2. Runde: umgekehrt, wieder tauschen usw. ERWEITERUNG (Inland) / INTERKULTURELLE PERSPEKTIVE: KL fragt „Wie begrüßt man Gäste bei Ihnen?" TN berichten im PL. VARIANTE/BINNENDIFFERENZIERUNG (GA, homogene/heterogene Gruppen): Homogene Gruppen spielen in PL vor, wie eine Begrüßung bei ihnen ablaufen würde, in heterogenen Gruppen zeigen TN, wie eine Begrüßung bei ihnen abläuft, und berichten im PL, was sie bei den anderen interessant finden.	

Erläuterungen zum Unterricht	**Materialien**
2a KL schreibt *das Zimmer* an, TN nennen ggf. bekannte Zimmerbezeichnungen. PA: TN lesen die Zimmernamen und ordnen sie zu. Vergleich in PA. **Lösung:** B = die Küche, C = das Wohnzimmer, D = das Arbeitszimmer, E = das Schlafzimmer, F = das Bad	
VARIANTE (GA: 3–4 TN): KL kopiert Fotos und Zimmernamen und zerschneidet sie. Jede Gruppe erhält einen Satz und ordnet Fotos den Zimmernamen zu. BINNENDIFFERENZIERUNG: Schnellere TN bearbeiten auch ÜB 2b.	Kopien von 2a, zerschnitten
2b TN hören den Dialog und bringen die Fotos der Zimmer in die richtige Reihenfolge. Vergleich im PL. **Lösung:** 2. B, 3. A, 4. F, 5. E, 6. D	CD: Track 2.68

2c	KL schreibt *Was gibt es bei Lena und Andreas?* an und erklärt anhand des Beispielsatzes die Bedeutung von *es gibt:* TB: *Es gibt einen Balkon. = Die Wohnung hat einen Balkon.* TN hören noch einmal und kreuzen an. Vergleich im PL. KL fragt nach der Form des Artikels (maskulin Akkusativ). KL erklärt anhand des Grammatikkastens, dass nach *es gibt* Akkusativ steht. PA: TN fragen und antworten: („Was gibt es bei …?" – „Es gibt …"). **Lösung:** Es gibt einen Balkon, einen Flur, einen Keller und eine Garage.	
2d	KL schreibt die Redemittel an, erklärt die Aufgabe und spielt ein Beispiel vor. PA: A fragt nach dem ersten Zimmer auf der Liste, B antwortet (Antwort bei Wörtern mit Häkchen: „Ja, es gibt ein/e/en …", sonst „Nein, es gibt kein/e/en …"). A fragt die ganze Liste ab, B antwortet. Danach stellt B die Fragen.	
2e	KL fragt nach der Sprachenschule/VHS der TN. TN lesen die Beispiele. GA (3–4 TN): TN schreiben zehn Wörter auf Zettel (Räume/Dinge, die es gibt und die es nicht gibt). Die gemischten Karten legen sie umgekehrt auf einen Stapel und spielen: A zieht einen Zettel und fragt B „Gibt es hier ein/e/en …?". B antwortet, zieht einen Zettel, fragt C usw.	Zettel

Erläuterungen zum Unterricht		**Materialien**
3a	KL fragt nach Bild A und zeigt den Beispielsatz. KL zeigt Bild F und fragt „Ist die Küche auch neu und modern?" und führt als Gegensatz *alt und unmodern* ein. TN klären die Bedeutung der Adjektive und schreiben Sätze. Vergleich im PL. **Lösung:** A/F: Die Küche ist neu/alt. B/G: Das Wohnzimmer ist modern/unmodern. C/H: Das Schlafzimmer ist ruhig/laut. D/I: Das Bad ist groß/klein. E/J: Der Flur ist hell/dunkel.	
3b	TN lesen den Dialog und markieren, wie Selma die Wohnung findet (schön). KL fragt nach Markus. TN ordnen die Sprechblase zu. KL schreibt das Beispiel *Selma findet die Wohnung groß, aber Markus findet sie klein.* an und erklärt die Bedeutung von *aber* (Darstellung eines Gegensatzes). TN ordnen die restlichen Gedanken zu und schreiben Sätze wie im Beispiel. **Lösung:** 2. + A: Selma findet das Wohnzimmer sehr hell, aber Markus findet den Flur dunkel. 3. + D: Selma findet die Küche ganz neu, aber Markus findet das Bad alt und unmodern. 4. + B: Selma findet das Schlafzimmer ruhig, aber Markus findet den Balkon laut. BINNENDIFFERENZIERUNG: Langsamere TN ordnen nur zu, schnellere TN schreiben Sätze.	
3c	TN lesen die Sprechblasen und machen Kettensätze: A sagt einen Satz mit *aber*, B greift den Einwand auf, macht einen neuen Satz usw.	
UND SIE?	GA: TN stellen ihre Wohnung mithilfe der Redemittel vor. BINNENDIFFERENZIERUNG: TN wählen, ob sie in PA/GA über ihre Wohnung sprechen oder in EA einen Text darüber schreiben.	

Erläuterungen zum Unterricht		**Materialien**
4a	KL fragt: „Nehmen Selma und Markus die Wohnung von Lena?" TN äußern ihre Vermutung, hören den Dialog und besprechen die Lösung im PL. **Lösung:** Nein. VARIANTE: KL erklärt die Situation: Markus und Selma besprechen, ob sie die Wohnung nehmen. Mini-Rollenspiel (PA): A als Lena, B als Markus. Abfrage im PL: Ja oder Nein? TN hören den Dialog und besprechen die Antwort im PL.	CD: Track 2.69
4b	TN lesen die Sätze, hören noch einmal und entscheiden, ob sie stimmen. **Lösung:** 1. R, 2. F, 3. F, 4. F, 5. R BINNENDIFFERENZIERUNG: Schnellere TN korrigieren die falschen Sätze.	
4c	KL hebt einen Stuhl hoch, verzieht das Gesicht und sagt: „Der Stuhl ist sehr schwer." KL versucht einen Tisch hochzuheben, schüttelt den Kopf und sagt: „Der Tisch ist zu schwer." KL schreibt die Sätze mit Markierung an. TB: *Der Stuhl ist sehr schwer. Der Tisch ist zu schwer.* TN ordnen die Adjektive den Bildern zu und schreiben Sätze wie im Beispiel. **Lösung:** 2. Der Sessel ist zu schwer. 3. Die Musik ist sehr laut. 4. Die Musik ist zu laut. 5. Die Küche ist sehr klein. 6. Die Küche ist zu klein.	

ERWEITERUNG (PA): Je zwei TN erhalten ein Kärtchen mit einem Adjektiv und spielen dieses wortlos vor: A zeigt die Variante mit *sehr + Adjektiv*, B mit *zu + Adjektiv*. Die anderen TN erraten das Adjektiv und formulieren Sätze.

KV

Erläuterungen zum Unterricht	Materialien

5a KL erklärt die Bedeutung von *wollen*: wie *möchten*, nur stärker. TN überlegen in PA, welcher Satz zu welcher Person passt. TN hören die Sätze, notieren die Namen und vergleichen im PL. KL führt die Konjugation von *wollen* ein.
Lösung: 2. Die Kinder, 3. Markus, 4. Markus, 5. Die Kinder

CD: Track 2.70

5b TN markieren in 5a alle Verben und ergänzen die Formen im Fokuskasten. KL erklärt, dass *wollen* ein Modalverb ist und mit Satzklammer funktioniert (vgl. *können, müssen*): Modalverb auf Position 2, der Infinitiv am Ende.
Lösung: … will … schlafen. … wollen im Garten spielen.

5c GA (3–5 TN): TN wählen ein Thema (oder erfinden ein neues), stellen eine „Wer will …?"-Frage, notieren die Antworten und schreiben Sätze wie im Beispiel: *Eine Person will … / Zwei/Drei Personen wollen …* Präsentation im PL.

Erläuterungen zum Unterricht	Materialien

6a KL fragt nach Textsorte (Internetforum) und ob TN auch Foren nutzen. TN lesen die Themen 1–6 und klären Wortschatz. TN lesen Forumsfrage und Antworten und ordnen 1–6 den Beiträgen A–C zu. Vergleich im PL.
Lösung: 2. C, 3. C, 4. A, 5. B, 6. B

ERWEITERUNG (Inland, GA, 2–4 TN): TN sprechen über ihre Wohn-Erfahrungen und sammeln Tipps für Selma. Präsentation im PL. Weiter im KB.
ERWEITERUNG/BINNENDIFFERENZIERUNG: TN wählen, ob sie einen Forumsbeitrag schreiben oder Tipps zu „Wohnen in Deutschland" im Internet recherchieren.

Internet

6b KL führt die Konjugation und Bedeutung des Modalverbs *dürfen* anhand des Grammatikkastens ein. TN ergänzen die Sätze. Vergleich im PL.
Lösung: 1. spielen; 2. darf; 3. darf, machen; 4. dürfen, grillen; 5. dürfen, fahren

6c KL äußern Vermutungen zum ersten Schild und lesen die Sprechblase. TN sprechen in PA über die anderen Schilder und schreiben Sätze mit *(nicht) dürfen*.
Lösung: Hier darf man grillen. Hier darf man den Kinderwagen abstellen. Hier darf man keine Hunde haben. Hier darf man Skateboard fahren.

ERWEITERUNG (GA): TN üben mithilfe eines ▶ **Domino**-Spiels.

KV

UND SIE? TN sprechen in PA/GA über ihren Deutschkurs und berichten dann im PL.

VARIANTE (GA): TN schreiben Regeln auf Moderationskarten. Die erste Gruppe liest ihre Sätze vor und hängt sie z. B. an Pinnwand unter Erlaubt- bzw. Verboten-Schild. Die nächste Gruppe ergänzt weitere Karten usw.

Pinnwand, Moderations-karten, Stifte

Erläuterungen zum Unterricht	Materialien

7a TN lesen die Überschriften, überfliegen die Texte und ordnen Überschriften zu. Vergleich im PL.
Lösung: A3., B4., C2., D1.

VARIANTE (GA: 2–4 TN, ohne KB): TN erhalten Kopien und ordnen jedem Text Überschrift und Foto zu und markieren Schlüsselwörter. Vergleich im PL.
ERWEITERUNG: TN wählen in PA einen Text und schreiben dazu drei Fragen. Sie tauschen die Fragen mit einem anderen Paar und schreiben Antworten.

Kopien der Aufgabe, zerschnitten

7b TN unterstreichen Schlüsselwörter, suchen die Stellen in den Texten und entscheiden, ob der Satz stimmt. Vergleich im PL. KL schreibt *Wir laden unsere Eltern ein.* aus Text A an und markiert *wir* und *unsere*. TN lesen den Grammatikkasten und markieren dann die Possessivartikel in Text D.
Lösung: 1. F, 2. F, 3. R, 4. R, 5. F, 6. R, 7. R, 8. R

ERWEITERUNG: Zur Festigung bearbeiten TN ÜB 7c.

UND SIE?	INTERKULTURELLE PERSPEKTIVE: TN lesen den Redemittelkasten und machen sich Notizen zu ihrem Land. Dann berichten sie in GA.	
	BINNENDIFFERENZIERUNG: TN wählen, ob sie in EA einen Text über ihr Land schreiben, in GA ein Plakat zu ihrem Land entwerfen (TN aus gleichem Herkunftsland/Auslandskurse) oder sich in GA mit anderen TN über ihr Land austauschen (TN aus unterschiedlichen Herkunftsländern/ Inlandskurse).	

Erläuterungen zum Unterricht		**Materialien**
8a	TN sprechen über die Fotos, lesen die Anzeigen, ordnen zu. ▶ **Selektives Lesen**. **Lösung:** 1C, 2A, 3B	
	ERWEITERUNG (ohne KB mit Kopien): TN wählen das Foto, das ihnen am besten gefällt, und machen Notizen zu Größe, Zimmerzahl, Mietpreis. Vergleich im PL: KL schreibt Vermutungen der TN an. TN lesen die Anzeigen, ordnen sie zu und vergleichen mit ihren Vermutungen.	Kopien der Fotos
8b	KL schreibt *5* an, TN benennen die Zahl. KL schreibt *2* davor: *25*, TN benennen die Zahl. KL schreibt *8* davor und TN benennen die Zahl. TN lesen die Zahlen im KB, suchen sie in den Anzeigen, hören sie und sprechen sie nach. KL weist auf den Punkt bei *1.449* hin.	CD: Track 2.71
	ERWEITERUNG: ÜB 8b in PA. TN hören die Zahlen und kreuzen an.	
8c	KL schreibt *3 ZKB* an. TN suchen die Abkürzung in den Anzeigen und entschlüsseln sie. TN lesen die Aufgabe und suchen die Abkürzungen in den Anzeigen. Vergleich im PL. **Lösung:** Nebenkosten = NK, 5-Zimmer-Wohnung = 5-Zi-WHG, Kaltmiete = KM, Quadratmeter = m², monatlich = mtl.	
	ERWEITERUNG: TN schreiben eine Wohnungsanzeige oder suchen eine für sie passende im Internet / in der Zeitung und stellen sie im PL vor.	Internet, Woh-nungsanzeigen
8d	TN hören die Sätze, lesen mit und sprechen nach. KL erklärt, was eine Aufzählung ist, und fragt nach dem Satzakzent (letztes Wort). Übung in PA.	CD: Track 2.72
	ERWEITERUNG: TN schreiben in PA weitere Aufzählung, markieren den Akzent und sprechen die Sätze im PL vor. ERWEITERUNG/KETTENÜBUNG: A sagt: „Die Wohnung hat *ein Wohnzimmer*.“ B sagt: „Die Wohnung hat ein Wohnzimmer und *eine Küche*.“ usw. TN achten auf den Satzakzent.	
8e	TN lesen die Fragen und notieren zu jeder Frage die passenden Antworten aus den Anzeigen aus 8a. PA: TN fragen und antworten sich gegenseitig.	

Lösung:

	Zimmerzahl	Miete	Nebenkosten	Größe	Garage	Balkon
Anzeige 1	2	530 €	170 €	50 m²	Nein	Ja
Anzeige 2	3	825 €	220 €	82 m²	Ja	Nein
Anzeige 3	5	1.449 €	–	128 m²	Nein	Nein

	BINNENDIFFERENZIERUNG: TN notieren die Antworten zu einer Anzeige. Dann wählen sie, ob sie in EA Antwortsätze schreiben oder sich in PA zu den Wohnungen interviewen.	
VORHANG AUF a	PA: TN wählen ein Foto, überlegen, was für eine Wohnung zu den Personen auf dem Foto passen würde, und zeichnen einen Grundriss.	DIN A3 Blätter / Packpapier
	VARIANTE (GA): KL kopiert jedes Foto auf DIN A4 und legt es auf einen Tisch / projiziert es auf IAW und legt den dazugehörigen Buchstaben auf einen Tisch. TN wählen ein Foto. Weiter wie im KB in GA. ERWEITERUNG: TN suchen im Internet / in der Zeitung für ihr Foto eine passende Wohnungs-anzeige (z. B. auf www.immobilienscout24.de).	
b	TN stellen die Wohnung anhand des Wohnungsgrundrisses im PL vor.	
c	Hier steht die Handlungsorientierung im Vordergrund: TN teilen sich in Wohnungssuchende und Vermieter auf. Die Vermieter bleiben bei ihrem Grundriss stehen, die anderen TN gehen auf Wohnungsbesichtigung zu einem anderen Grundriss, lassen sich die Wohnung zeigen und stellen Fragen zu der Wohnung. Dabei verwenden sie auch die Fragen aus 8e.	Video K8

Haltestelle D

Erläuterungen zum Unterricht	Materialien
1a KL fragt „Wer ist wann wo?", verweist auf Familienbezeichnungen und Zeittabellen im KB und fragt: „Wo ist der Vater um 9 Uhr? Zu Hause, in der Schule oder im Büro?" TN füllen in EA die zweite Tabelle aus.	
1b PA: TN fragen sich abwechselnd nach einer Person „Ist dein Opa / dein Vater / deine Tante / ..." und notieren die Antworten. Wer zuerst drei Ja-Antworten bekommt, hat gewonnen.	

Erläuterungen zum Unterricht	Materialien
2 TN wählen, ob sie die Aufgabe allein als ▶ **Laufdiktat** oder als Partnerdiktat machen. KL hängt mehrere Texte im Kursraum auf. EA: A geht zum Text, liest einen Satz, geht zurück und schreibt den Satz aus dem Gedächtnis auf usw. Partnerdiktat: A diktiert B die ersten vier Sätze. Dann diktiert B A die nächsten vier Sätze. TN korrigieren ihre Texte selbst anhand der Vorlage.	Zettel

Erläuterungen zum Unterricht	Materialien
3a KL zeigt Fotos und fragt „Wer ist das und was ist die Person von Beruf?" (vgl. Homepage, K7). KL fragt: „Was macht ein DJ / eine Architektin / eine Bedienung?" TN wählen in PA einen Beruf, sammeln Ideen und präsentieren sie im PL. Dann kreuzen TN die Tätigkeiten im KB an. Vergleich der Lösungen in PA mithilfe der Redemittel aus den Sprechblasen. **Lösung:** Der DJ: E-Mails schreiben, Termine machen, mit Gästen sprechen, Interviews geben, am Computer arbeiten. Die Architektin: E-Mails schreiben, Termine machen, Häuser zeichnen, am Computer arbeiten, aufräumen. Die Bedienung: Kaffee kochen, Kuchen schneiden, mit Gästen sprechen, aufräumen.	
VARIANTE (GA): KL kopiert die Fotos aus 3a und die Texte aus 3b und löscht in den Texten die Berufsbezeichnungen. TN lesen die Texte und ordnen sie den Fotos/Berufen zu. Dann weiter wie im KB.	Kopien der Fotos aus 3a und Texte aus 3b
3b TN lesen erst die Sätze, dann die Texte und notieren zu jedem Satz den passenden Namen (mehrere Lösungen möglich). **Lösung:** 1. Michael, Ines, Dana; 2. Michael, Dana; 3. Michael, Ines, Dana; 4. Ines; 5. Michael, Ines; 6. Dana; 7. Michael; 8. Michael	
ERWEITERUNG (GA): TN wählen einen Beruf (entweder aus KB oder anderen Beruf) und machen dazu ein Wortschatzplakat.	
3c KL schreibt Berufe auf Kärtchen. TN ziehen ein Kärtchen und beschreiben den Beruf oder spielen ihn pantomimisch im PL vor. Die anderen TN raten. Der nächste TN macht weiter usw.	Kärtchen
VARIANTE: TN wählen einen Beruf, den sie vorspielen oder beschreiben.	

Erläuterungen zum Testtraining	Materialien
1a TN besprechen die Tipps und den Beispielsatz im PL. Dann lesen sie die Sätze, markieren die dazu passenden Wörter im Text und entscheiden, ob der Satz richtig oder falsch ist. Vergleich im PL. **Lösung:** 1. F, 2. R, 3. F, 4. F, 5. R	
2 TN lesen die Tipps. Dann lesen sie das Formular, suchen die fehlenden Informationen im Text und ergänzen sie. **Lösung:** 1 Hasenbergstr. 47, 2 Stuttgart, 3 geschieden, 4 3, 5 Verkäuferin	

9 Endlich Freizeit!

Sprachhandlungen

Sprechen	über Freizeitaktivitäten sprechen; sich verabreden; erzählen, was man gemacht hat
Hören	Gespräche in der Freizeit verstehen
Schreiben	Informationen zu einem Kurs einholen*
Lesen	private Nachrichten/Verabredungen verstehen; einem Veranstaltungsprogramm wichtige Informationen entnehmen; Notizen im Internet verstehen
Beruf	sonntags arbeiten

Lerninhalte

Redemittel	Joggst du oft? Nein, ich jogge nie.; Besuchst du uns? Wir laden dich ein!; Wollen wir morgen einen Film sehen?; Gestern habe ich einen Kuchen gebacken und getanzt.
Wortschatz	Adverbien der Zeit; Freizeitaktivitäten
Grammatik	Adverbien der Zeit (*immer, oft, manchmal, selten, nie, heute, gestern*); Personalpronomen im Akkusativ (*mich, dich, ihn, es, sie, uns, euch, sie/Sie*); Possessivartikel im Akkusativ (*meinen/mein/meine, ...*); Perfekt mit *haben*
Aussprache	*ts*; lange Sätze

Erläuterungen zum Unterricht	Materialien
1a KL zeigt das Bild, fragt: „Wo ist das und was machen die Personen?" TN ordnen den Freizeitaktivitäten die passenden Situationen auf dem Bild zu. **Lösung:** 1 Fußball spielen, 2 grillen, 3 tanzen, 5 lesen, 6 schwimmen, 7 joggen BINNENDIFFERENZIERUNG: TN wählen, ob sie in GA Wortschatz zu dem Bild sammeln oder Sätze zu den Aktivitäten schreiben. Weiter wie im KB.	
1b TN hören die Dialoge und ordnen die Aktivitäten aus 1a zu. Festigung: ÜB 1a. **Lösung:** 1. grillen, 2. Musik hören/tanzen, 3. Fußball spielen, 4. joggen BINNENDIFFERENZIERUNG: Schnellere TN machen mit ÜB 1b weiter.	CD: Track 1.2–5
1c TN lesen die Sprechblasen. KL erklärt die Bedeutung der temporalen Adverbien *immer, oft, manchmal, selten, nie* anhand der Visualisierung. TN notieren sich zu jedem Adverb mindestens eine Aktivität und berichten in PA. BINNENDIFFERENZIERUNG: TN wählen, ob sie mündlich in PA oder schriftlich in EA arbeiten. INTERKULTURELLE PERSPEKTIVE (Inland): KL fragt: „Was macht man bei Ihnen oft/selten/ nie in der Freizeit?" TN berichten über typische Freizeitaktivitäten. ERWEITERUNG (Ratespiel): TN schreiben auf einen Zettel ohne Namen, was sie immer/oft/ manchmal/selten/nie machen (2–5 Sätze). Die Zettel werden neu verteilt. TN gehen im Raum herum, befragen sich nach den Aktivitäten, um TN zu finden, die/der den Zettel geschrieben hat (große Gruppen unterteilen).	Zettel

Erläuterungen zum Unterricht	Materialien
2a KL fragt, was die Personen am Freitagabend machen. TN äußern Vermutungen, lesen die Nachrichten und markieren die passenden Stellen. Vergleich im PL. **Lösung:** Dana und Jan grillen im Park, Maria kommt nicht mit.	
VARIANTE (GA): KL kopiert und zerschneidet die Nachrichten für jede Gruppe, die ihr Set in die richtige Reihenfolge bringt. Weiter wie im KB. VARIANTE (PA/GA): Jede Gruppe erhält Nachricht A oder C als Kopie und schreibt dazu eine passende Antwort. Anschließend weiter wie im KB.	Kopien der Nachrichten
2b KL schreibt die Personalpronomen *mich, dich, ihn, sie* untereinander an und fragt: „Wer ist das?" TN markieren diese in den Texten aus 2a. KL schreibt auf Zuruf die Namen hinter die Pronomen. KL führt anhand des Grammatikkastens die Personalpronomen im Akkusativ ein. **Lösung:** mich = Maria, dich = Dana/Jan, ihn = Ben, sie = Maria	
2c TN hören den Dialog und beantworten die Frage. **Lösung:** am Sonntag um 4 Uhr	CD: Track 1.6

2d	Beim zweiten Hören ergänzen TN die fehlenden Personalpronomen im Dialog. **Lösung:** dich, sie, mich, uns, es	CD: Track 1.6
2e	KL wiederholt bei Bedarf anhand des Grammatiktipps die Endungen der Possessivartikel im Akkusativ, ggf. bearbeiten TN ÜB 2d. PA: TN schreiben die Verben und Personalpronomen bzw. Personen auf Kärtchen und legen sie auf zwei Stapel. A zieht von jedem Stapel eine Karte, bildet damit eine Frage, B antwortet, zieht zwei Kärtchen, stellt die nächste Frage usw.	Kärtchen
UND SIE?	Bei dieser Differenzierungsaufgabe wählen TN, ob sie die Einladung in EA per E-Mail beantworten oder ob sie in PA ein Telefongespräch spielen.	

Erläuterungen zum Unterricht		**Materialien**
3a	TN benennen, was sie auf den Zeichnungen sehen. KL weist auf den Tipp hin. TN überfliegen die Anzeigen und ordnen zu. Vergleich im PL, TN benennen Schlüsselwörter, die ihnen geholfen haben. **Lösung:** 2B, 3F, 4E, 5A, 6D	
	VARIANTE: KL kopiert Bilder und Anzeigen. Die Hälfte der TN erhält je ein Bild und sucht TN mit passender Anzeige. Weiter wie im KB in PA.	Kopien
3b	TN markieren Schlüsselwörter und ordnen die Anzeige zu. Vergleich im PL. **Lösung:** 2. Anzeige 4, 3. Anzeige 2, 4. Anzeige 3, 5. Anzeige 6, 6. Anzeige 5	
3c	PA: TN schreiben zu einer Anzeige Fragen auf. Anschließend tauschen sie die Fragen aus und beantworten sie.	
	VARIANTE (für 3a–c; GA, 3–4 TN): KL kopiert und zerschneidet die Bilder, Anzeigen und Sätze für jede Gruppe. TN ordnen zu und schreiben zu einer Anzeige Fragen. Die Gruppen tauschen die Fragen aus, schreiben Antworten. Die Gruppe, die die Fragen geschrieben hat, prüft die Antworten.	Kopien
3d	TN hören die Dialoge und notieren die passenden Anzeigen. **Lösung:** Dialog 1: Anzeigen 2, 1, 3; Dialog 2: Anzeigen 4, 1, 6	CD: Track 1.7–8
UND SIE?	KL führt die Redemittel ein. TN schreiben und spielen in PA Verabredungen.	
	BINNENDIFFERENZIERUNG: TN wählen, ob sie sich Stichpunkte machen oder den Dialog auf- schreiben, bevor sie ihn vorspielen. Vorentlastung: ÜB 3c. VARIANTE: TN erhalten Kalenderausschnitt, gehen im Raum herum, sprechen mit anderen TN und tragen Termine ein (Veranstaltungen aus dem Kalender vom Kursort / ohne Vorlage). Bericht in GA oder im PL. Alternativ schreiben TN sich Nachrichten über WhatsApp und berichten.	KV

Erläuterungen zum Unterricht		**Materialien**
4a	KL zeigt die Bildsequenzen ohne Text am IAW / im KB und fragt: „Was passiert hier? Worüber sprechen die Personen?" TN äußern Vermutungen, lesen dann die Texte in den Sprechblasen und ordnen die Sätze 1–3 zu. **Lösung:** 2. A, 3. B	
	ERWEITERUNG (PA/GA): KL kopiert die Bildsequenzen ohne Text. TN schreiben dazu einen klei- nen Text oder Dialog. Präsentation im PL. Weiter wie im KB.	Kopien
4b	KL schreibt *heute* und *gestern* an und klärt die Bedeutung (z. B. „Heute ist …, gestern war … ."). KL fragt „Was haben die Personen gestern gemacht?" und zeigt den ersten Satz aus 4a (*Wir haben gestern im Park Sport gemacht.*) an Tafel/IAW. KL markiert auf Zuruf das Partizip. EA: TN markieren die Partizipien. KL erklärt die Bildung des Partizips II anhand der Beispiele in der Tabelle: mit *ge...t* oder *ge...n* und ggf. Vokalwechsel. PA/GA: TN ordnen die Partizipien, vergleichen mit dem Infinitiv, markieren *ge...t* oder *ge...en* und ggf. Vokalwechsel. **Lösung:** *ge...t*: gehört, getanzt, gegrillt; *ge...en*: gegessen, gelesen, getroffen	
4c	PA: A nennt ein Verb aus 4b, B nennt die Partizip-Form, dann umgekehrt usw.	

4d	TN ergänzen die Tabelle mithilfe der Sätze aus 4a. KL erklärt, dass das Perfekt mit *haben* gebildet wird (Perfekt mit *sein:* Kapitel 10) und auf welcher Position die Verben stehen. KL weist darauf hin, dass die Satzklammer wie bei den Modalverben funktioniert. Zur Festigung: ÜB 4d. **Lösung:** Gestern haben wir gegrillt. Der Hund hat die Würstchen gefressen.	
	ERWEITERUNG: KL oder TN schreiben die Sätze aus ÜB 4d auf Kärtchen und üben sie als ▶ **lebende Sätze** oder ▶ **Satzpuzzle.**	Kärtchen
4e	PA/GA: TN spielen wie im Beispiel.	

Erläuterungen zum Unterricht		**Materialien**
5a	TN lesen die Sätze 1–6. Dann hören sie die Dialoge und kreuzen die Lösung an. **Lösung:** 1. a, 2. b, 3. a, 4. b, 5. a, 6. a	CD: Track 1.9
5b	KL schreibt *Wer? Wo? Wann? Was?* an. TN hören noch einmal und machen sich Notizen. Vergleich in PA, Bericht im PL.	CD: Track 1.9
	BINNENDIFFERENZIERUNG: TN wählen, ob sie sich auf eine Person konzentrieren oder zu allen Personen Notizen machen. TN mit der gleichen Person vergleichen in PA/GA ihre Ergebnisse. Präsentation im PL.	
5c	Vorentlastung: ÜB 5c. KL schreibt *gestern* an und darunter *Ich habe gegrillt.* und *Ich hatte Besuch.*, markiert auf Zuruf die Verben und erklärt anhand des Grammatikkastens, dass *haben* und *sein* im Präteritum stehen, die anderen Verben im Perfekt (Präteritum von *haben* und *sein:* Kapitel 7). TB:	

gestern

| grillen | Ich **habe gegrillt.** | *Perfekt* |
| haben | Ich **hatte** Besuch. | *Präteritum (haben und sein)* |

	TN suchen Verben aus 4 und 5a und notieren sie. KL achtet darauf, dass auch *haben* und *sein* dabei sind. PL: TN verlängern Sätze wie im Beispiel.	
	VARIANTE (GA): TN schreiben die Verben aus 4 und 5a auf Kärtchen und legen sie auf einen Stapel. A zieht ein Verb und bildet einen Satz, B verlängert den Satz, C macht weiter usw. TN bilden möglichst lange Sätze, dann erst ziehen sie eine neue Karte. Jede Gruppe präsentiert ihren längsten Satz im PL.	Kärtchen
5d	KL schreibt *ts* an und spricht übertrieben vor. TN hören ohne Buch und sprechen nach. Beim zweiten Hören lesen sie im Buch laut mit.	CD: Track 1.10
	BINNENDIFFERENZIERUNG: TN, denen die Aussprache schwerfällt, üben die Wörter und Sätze in PA. TN, die keinen Übungsbedarf haben, schreiben einen oder mehrere Sätze mit möglichst vielen *ts*-Wörtern und sprechen sie vor.	
5e	Bei dieser Differenzierungsaufgabe wählen TN ein Verb / erhalten ein Kärtchen mit einem Verb und wählen, ob sie dieses pantomimisch darstellen oder zeichnen. Die anderen erraten die Bedeutung.	KV
UND SIE?	KL schreibt auf Zuruf sechs Ja/Nein-Fragen zum Thema. TN notieren sich Fragen auf einen Zettel, gehen damit im Raum herum, fragen und lassen hinter jeder Frage eine Person unterschreiben. Im PL nennt TN einen TN-Namen und erzählt, was die Person gemacht hat. Dann geht es mit der nächsten Person weiter usw.	

Erläuterungen zum Unterricht		**Materialien**
6a	TN lesen die Frage und den Beispielsatz und sammeln weitere Berufe im PL.	
6b	Nach Besprechung der Fotos lesen TN die Texte und ordnen die Fotos zu. **Lösung:** 1D, 2A	
6c	TN lesen die Aussagen und ordnen sie den Personen zu. **Lösung:** 1. Tara, 2. Haruko, 3. Haruko, 4. Tara/Haruko	

BINNENDIFFERENZIERUNG: Schnellere TN schreiben eine weitere Aussage zu jeder Person.

6d	TN hören das Telefongespräch und beantworten die Frage. **Lösung:** Beate (Samstag) und Lars (gesamtes Wochenende)	CD: Track 1.11
6e	TN lesen die Aussagen, hören noch einmal und entscheiden, ob die Aussagen richtig oder falsch sind. **Lösung:** 1. F, 2. R, 3. R, 4. F	CD: Track 1.11
UND SIE?	GA: TN berichten, wann sie arbeiten bzw. gearbeitet haben. ERWEITERUNG (GA): Bei Kursen, in denen mehrere oder alle TN nicht berufstätig sind, berichten TN entweder in der Vergangenheitsform (z. B. „In Spanien habe ich montags bis freitags von 9 bis 18 Uhr gearbeitet. Am Wochenende hatte ich frei.") oder wählen einen fiktiven Beruf und berichten.	

Erläuterungen zum Unterricht		**Materialien**
7a	Nach Besprechung der Fotos lesen TN die Aufgabe, entscheiden, welches Angebot für Familien ist und markieren Schlüsselwörter. **Lösung:** B (Eltern-Kind-Turnen)	
7b	TN lesen die Fragen und prüfen, ob es in den Texten aus 7a Antworten dazu gibt. Wenn ja, schreiben sie x, wenn nein – in das passende Kästchen. **Lösung:** 2. Ax, Bx; 3. Ax, B–; 4. Ax, Bx; 5. A–, Bx; 6. Ax, B–; 7. Ax, B–; 8. A–, Bx	
7c	Differenzierungsaufgabe: KL sagt: „Sie haben noch eine Frage an den Sportverein, was machen Sie?" TN machen Vorschläge. TN wählen, ob sie die Textstücke der E-Mail an den Alpenclub in die richtige Reihenfolge bringen (einfachere Variante) oder eine E-Mail an den Sportverein am Sternplatz aus 7a verfassen (schwierigere Variante). Hierbei können TN zu den nicht beantworteten Fragen aus 7b etwas schreiben. **Lösung:** Sehr geehrte … wir haben im Internet … Wir haben aber noch Fragen … Kann man eine Probestunde … Mit freundlichen Grüßen Nadia Monti	
	VARIANTE (PA): KL kopiert und zerschneidet die Satzstücke der E-Mail. TN bringen sie in die richtige Reihenfolge.	Kopien, Schere
	ERWEITERUNG: TN recherchieren ein Angebot, das sie interessiert, im Internet, prüfen anhand der Fragen aus 7b, welche Infos noch fehlen und schreiben eine Anfrage per E-Mail.	Internet
VORHANG AUF	PA/GA (2–3 TN): TN wählen eine Zeichnung und schreiben dazu einen Dialog. Anschließend spielen sie den Dialog im PL vor.	Video K9

10 Neu in Deutschland

Sprachhandlungen

Sprechen	über Tätigkeiten in der Vergangenheit sprechen*; Verständnisfragen stellen/nachfragen; Arbeitsaufträge formulieren*
Hören	wesentliche Informationen aus Arbeitsaufträgen verstehen*; Gesprächen am Arbeitsplatz folgen
Schreiben	Auskünfte über berufliche Erfahrungen geben*
Lesen	einen Bericht über die Stellensuche verstehen; einem Wegweiser relevante Informationen entnehmen*; kurze Portraits lesen
Beruf	neu im Betrieb

Lerninhalte

Redemittel	Wann bist du gestern aufgestanden?; Lesen Sie bitte den Arbeitsvertrag genau.; Wo wohnen Sie jetzt?; 2009 habe ich eine Ausbildung als Krankenschwester gemacht.
Wortschatz	Tätigkeiten; Jahreszahlen
Grammatik	Perfekt mit *sein*; Perfekt der trennbaren Verben; Jahreszahlen
Aussprache	Aussprache von *h*; Wortakzent

	Erläuterungen zum Unterricht	**Materialien**
1a	PA: TN schreiben Fragen zum Bild (ggf. Fragewörter anschreiben: *Wann? Wo? Woher? Was?* etc.). TN stellen die Fragen im PL und finden gemeinsam mögliche Antworten.	
	VARIANTE (GA, 3–5 TN): TN sammeln Fragen zum Bild. Dann tauschen sie die Fragen mit einer anderen Gruppe und schreiben Antworten. Vergleich im PL.	
1b	PA/GA: TN berichten, was sie in Deutschland machen möchten.	

	Erläuterungen zum Unterricht	**Materialien**
2a	TN ordnen die Sätze den Bildern zu. Vergleich im PL durch Fragerunde: A fragt „Was hat Luka schon gemacht?", B antwortet, fragt C usw. **Lösung:** B8, C1, D2, E4, F5, G6, H7	
	VARIANTE GA (2–3 TN): Die Gruppen erhalten Kopien der Tätigkeiten und Bilder und ordnen sie zu. Dann schreiben sie zu jedem Bild einen Satz.	Kopien, Schere
2b	KL erklärt anhand der Tabelle am Beispiel *arbeiten*, wie die Verben einzuordnen sind (KL schreibt Infinitiv und Partizip II an und markiert *ge...t*). TN markieren *ge...t, ge...en* oder *...t/...en* bei den Verben aus 2a und ordnen diese ein. KL erklärt anhand des Grammatikkastens, dass die Partizip-II-Form bei Verben auf *-ieren* und Verben mit den Präfixen *be-* und *ver-* (nicht trennbare Verben) ohne *ge-* gebildet wird.	
2c	TN markieren bei den Partizip-II-Formen *ge-, -t* und *-en*, ordnen sie in die Tabelle ein und ergänzen die Infinitive. KL erklärt, dass unregelmäßige Verben das Partizip mit *ge...en* bilden und zeigt anhand der Tabelle in ÜB 2d, dass bei manchen Verben auf *-en* der Stammvokal wechselt. Dann bearbeiten TN ÜB 2d, KL verweist auch auf die Liste der unregelmäßigen Verben im Anhang. **Lösung 2b und c:** *ge...(e)t:* gemacht, gezeichnet, gelernt; *ge...en:* gewaschen, gegeben, geholfen, gefunden, geschrieben, gesehen; *...t/...en:* verkauft, repariert, funktioniert, renoviert, telefoniert, begrüßt, bestellt, bezahlt, verdient, fotografiert, benutzt, besucht, verstanden, bekommen	
	BINNENDIFFERENZIERUNG: TN bearbeiten wahlweise ÜB 2a+b zur Wiederholung und Festigung (leicht) oder 2e zur freien Anwendung (schwer). ERWEITERUNG: Zur Betonung der Partizipien ÜB 3e. TN bearbeiten die Übung und besprechen mithilfe des Grammatikkastens, wo der Wortakzent liegt.	
2d	TN hören die Wörter und sprechen sie nach. Anschließend Übung in PA.	CD: Track 1.14

2e	TN schreiben mithilfe der Vorgaben Fragen. BINNENDIFFERENZIERUNG: TN wählen, ob sie die Vorgaben als Hilfe nutzen oder freie Sätze schreiben.	
UND SIE?	Fragerunde mit den Fragen aus 2e im PL.	

Erläuterungen zum Unterricht		Materialien
3a	KL fragt: „Was schreibt Luka in seinem Blog?" Dann lesen TN die Textteile und bringen sie in die richtige Reihenfolge. Vergleich im PL. KL fragt noch einmal nach dem Thema und TN gleichen es mit ihren anfangs geäußerten Vermutungen ab. **Lösung:** 1: Hallo Leute … 2: Ich habe sie gefragt … 3: Und dann war der Tag …	
3b	TN lesen die Sätze, klären ggf. Wortschatzfragen im PL, prüfen, ob die Sätze richtig oder falsch sind, markieren Schlüsselwörter und vergleichen im PL. **Lösung:** 1. R, 2. F, 3. R, 4. R, 5. F	
3c	TN äußern Vermutungen zu Bild A und ordnen den passenden Satz zu. Zuordnung der anderen Sätze in EA, Vergleich im PL. KL projiziert / schreibt die Sätze an, markiert die Verben (*haben* grün, *sein* rot) und erklärt anhand des Grammatikkastens, dass Verben, die eine Bewegung von A nach B ausdrücken, das Perfekt mit *sein* bilden. Zur Visualisierung/Festigung: ÜB 4a. **Lösung:** A3, B1, C4, D2 BINNENDIFFERENZIERUNG: TN erhalten die Bilder ohne die Sätze und suchen die passenden Textstellen im Blog. Weiter wie im KB.	
3d	PL: A sagt einen Satz im Präsens, B formt ihn ins Perfekt um und sagt einen neuen Satz etc. TN verwenden die Verben aus dem Grammatikkasten. BINNENDIFFERENZIERUNG (GA 3–4 TN): Die Gruppen wählen, ob sie nur die Verben mit *sein* üben (leichtere Variante) oder auch die Verben mit *haben* aus Kapitel 9 und 10 einbeziehen (schwierigere Variante).	
3e	GA (3–5 TN): Erstellung der Kärtchen wie vorgegeben. TN mischen die Kärtchen der Gruppen-mitglieder und setzen sie wieder zusammen. ERWEITERUNG: TN tauschen ihre Karten mit einer anderen Gruppe.	Kärtchen

Erläuterungen zum Unterricht		Materialien
4a	TN äußern Vermutungen zur Situation auf dem Bild. KL fragt: „Was möchte Luka?" Sie hören das Gespräch und beantworten die Frage. Sie lesen die Sätze, hören noch einmal und suchen die richtige Antwort. Vergleich im PL, KL verweist auf den Wegweiser. **Lösung:** c	CD: Track 1.15
4b	TN lesen die Sprechblasen vor und KL verweist auf Wegweiser. PA: TN fragen sich gegenseitig nach den Personen auf dem Wegweiser. ERWEITERUNG (PA): A und B erhalten den Wegweiser der gleichen Firma mit unterschiedlichen Angaben. A fragt B nach den Personen, die in seinem/ihrem Wegweiser fehlen und trägt sie ein. Dann umgekehrt.	KV
4c	KL fragt: „Worüber sprechen Luka und Frau Eisele?" TN äußern Vermutungen. Sie lesen 1–4, hören den Dialog und kreuzen an. Vergleich im PL. **Lösung:** 1. b, 2. a, 3. b, 4. b VARIANTE (PA): TN lesen 1– 4, überlegen, welche Lösung richtig ist und markieren diese mit einem Strich. Dann hören sie den Dialog und kreuzen die richtige Lösung an. Vergleich erst in PA, dann im PL.	CD: Track 1.16
4d	TN lesen Verben und Aufforderungen und ergänzen die Imperativformen. Zur Kontrolle hören Sie den Dialog noch einmal. Den Imperativ kennen TN aus Kapitel 3. Bei Bedarf geht KL noch einmal auf die Bildung des Imperativs ein. **Lösung:** 2. Nehmen, 3. Schicken, 4. Kommen, 5. Lesen … durch, 6. Bringen	CD: Track 1.16

		Materialien
4e	TN formulieren in PA Aufforderungen zu den Schildern. Vergleich im PL. **Lösung:** Schließen Sie die Tür bitte leise. Stellen Sie bitte den Motor ab. Bitte betreten Sie die Werkstatt nicht. Essen Sie und trinken Sie bitte nicht. Stören Sie bitte nicht.	
	ERWEITERUNG (PA): TN schreiben zu einer Aufforderung einen Dialog. ERWEITERUNG (GA): TN zeichnen Schilder mit Anweisungen auf Kärtchen und legen diese auf einen Stapel. A zieht ein Kärtchen und formuliert eine Anweisung. Dann macht B weiter usw.	Kärtchen

Erläuterungen zum Unterricht		**Materialien**
5a	KL fragt: „Wohin geht Luka als Nächstes?" (ins Personalbüro) KL fragt weiter: „Was sehen Sie auf den Bildern?" TN lesen die Themen, sehen sich die Bilder an, hören das Gespräch und kreuzen die passenden Bilder an. **Lösung:** A, B, C, E	CD: Track 1.17
	VARIANTE (PA): KL kopiert Bilder und Themen für jedes Paar und schneidet sie auseinander. TN ordnen die Themen den Bildern zu. Weiter wie im KB. BINNENDIFFERENZIERUNG: TN wählen, ob sie sich beim Hören nur auf ein Thema oder auf alle Themen konzentrieren.	Kopien Bilder und Themen
5b	TN lesen die Sätze und ordnen die passenden Bildern zu. **Lösung:** 2. D, 3. C, 4. E, 5. A	
5c	TN lesen den Fokuskasten, hören die Sätze und ergänzen die Perfektformen. KL erklärt, anhand der Beispielsätze und des Fokuskastens, dass das *ge* bei trennbaren Verben zwischen Präfix und Verbstamm steht. **Lösung:** bin, durchgelesen, ich habe … angesehen, ich habe	CD: Track 1.18
5d	TN schreiben die Fragen im Perfekt. **Lösung:** 2. Wie lange hast du gestern ferngesehen? 3. Was hast du gestern eingekauft? 4. Wen hast du gestern angerufen? 5. Wann bist du in Deutschland angekommen?	
	ERWEITERUNG/BINNENDIFFERENZIERUNG: TN, die fertig sind, bilden weitere Sätze mit ihnen bekannten trennbaren Verben oder bearbeiten ÜB 5b+c.	
UND SIE?	PA: TN interviewen sich gegenseitig. Dazu verwenden sie die Fragen aus 5d und weitere Fragen. Sie machen sich Notizen zu den Antworten und stellen ihre/n Partner/in anschließend im PL (in großen Gruppen in GA) vor.	
	BINNENDIFFERENZIERUNG: TN schreiben im Anschluss an das Interview (a) einen Text über ihre/n Partner/in (statt b).	

Erläuterungen zum Unterricht		**Materialien**
6a	TN ordnen den Wortschatz den Bildern zu. Vergleich im PL. **Lösung:** B3., C1., D2., E6., F4.	
	VARIANTE (PA/GA): Jede Gruppe erhält ein Bild und sammelt dazu Wortschatz. Präsentation im PL. Anschließend weiter wie im KB.	
6b	KL zeigt die Überweisung und fragt, was man dort ausfüllen muss. Dann hören TN den Dialog und ergänzen Lukas IBAN. Vergleich im PL. **Lösung:** DE21 4405 0199 0006 549378	CD: Track 1.19

Erläuterungen zum Unterricht		**Materialien**
7a	KL fragt: „Wann hat das Bürgeramt geöffnet?" TN äußern Vermutungen. Sie hören den Dialog und notieren die Öffnungszeiten. **Lösung:** a) 8 bis 18 Uhr, b) 7 Uhr 30 bis 15 Uhr, c) 7 Uhr 30 bis 12	CD: Track 1.20
	INTERKULTURELLE PERSPEKTIVE: KL erklärt, dass in Deutschland eine Meldepflicht besteht. TN berichten, wie das in ihrem Herkunftsland ist. ERWEITERUNG (Inland): TN recherchieren die Öffnungszeiten des Bürgeramts am Kursort und in ihrem Herkunftsland und stellen die Zeiten im Kurs vor.	

7b	TN klären die Situation im PL und lesen das Beispiel. Dann Zuordnung. **Lösung:** 1. a), 2. g), 4. b), 5. h), 6. c), 7. f), 8. e)	
	ERWEITERUNG (PA/GA): TN erhalten zunächst nur die Themen und formulieren dazu passende Fragen. Dann weiter wie im KB. VARIANTE: KL schneidet die Themen und Fragen auseinander und verteilt sie im Kurs: Die Hälfte erhält ein Thema, die andere Hälfte eine Frage (Anzahl nach Gruppengröße). TN gehen herum und suchen zu ihrem Thema die Person mit der passenden Frage.	Kopien Themen
	ERWEITERUNG (PA): TN erhalten je einen Personalbogen. In PA erfragen sie die Daten und füllen jeweils das Formular für ihre/n Partner/in aus. Dabei können TN wählen, ob sie ihre echten oder Fantasie-Daten angeben. Anschließend tauschen sie die Formulare und prüfen die Einträge.	KV
VORHANG AUF	Bei dieser handlungsorientierten Differenzierungsaufgabe wählen TN eine Situation und schreiben in PA einen Dialog (Redemittel: Fragen aus b, Ergänzung durch weitere Fragen). Präsentation der Dialoge im PL.	
	ERWEITERUNG/BINNENDIFFERENZIERUNG: KL/TN verwenden Anmeldeformulare (z. B. aus dem Bürgerbüro/Internet) als Grundlage für die Dialoge. Einfachere Variante: TN verwenden den Formularausschnitt aus ÜB 6.	

Erläuterungen zum Unterricht		**Materialien**
8a	TN äußern Vermutungen zum Bild. Dann lesen sie die Aufgabe, schreiben in PA Fragen und sammeln diese im PL.	
	VARIANTE (PA): TN wählen, ob sie Fragen zu den Bildern oder einen Dialog schreiben.	
8b	TN lesen die Zahlen, überfliegen die Texte und markieren die Zahlen und die dazugehörigen Informationen. KL führt anhand des Tipps die Jahreszahlen ein. TN vergleichen in PA, dann im PL, was in welchem Jahr passiert ist. **Lösung:** Ilana: 1995–1998: Deutsch gelernt. 2003: Ausbildung. 2010: intensiv Deutsch gelernt. 2012: Prüfung bestanden. Selin: 1999: geboren. 2005: nach Deutschland. 2015: Motorradführerschein. 2017 beginnt ... Ausbildung. Sergej: 1989 geboren. 2008: nach Deutschland. 2013 Helena kennengelernt.	
	BINNENDIFFERENZIERUNG: TN, denen das selektive Lesen noch schwerfällt, erhalten nur die Zahlen zu einem Text und bearbeiten nur diesen. ERWEITERUNG: TN üben die Jahreszahlen (Geburt) als ▶ **lebendige Statistik**.	
8c	GA (3 TN): Jede/r TN liest einen Text (A, B oder C). Dann befragen die TN sich reihum gegenseitig zu ihren Texten und antworten.	
	VARIANTE: Die TN formulieren in Gruppen zehn Fragen, die Nachbargruppe antwortet (z. B. „Wo ist ... geboren?")	
UND SIE?	TN schreiben Jahreszahlen von Ereignissen aus ihrem Leben auf Kärtchen. KL markiert (z. B. mit Kreppklebeband) auf den Boden einen Zeitstrahl. Ein/e TN legt seine/ihre Kärtchen chronologisch darauf. Die anderen TN fragen. TN antwortet. Der/die nächste TN macht weiter usw. Bei großen Gruppen als GA.	Kärtchen, Kreppklebeband Video K10

Haltestelle E

	Erläuterungen zum Unterricht	Materialien
1a	PA/GA (4 TN): TN lesen die Beispiele und sammeln Wortschatz zu den Bildern.	
1b	TN lesen das Beispiel, KL zeigt mit einem/einer TN ein weiteres Beispiel im PL. Gespielt wird mit zwei Würfeln. Würfel 1 entscheidet über ein Element aus dem hellblauen Oval, Würfel 2 über das aus dem dunkelblauen Oval. PA/GA (4 TN): A würfelt mit zwei Würfeln und stellt eine Frage mit einem Wort aus der passenden Themengruppe und mit der passenden Zeitangabe. B antwortet, würfelt und stellt eine Frage an A usw.	zwei Würfel pro Gruppe

	Erläuterungen zum Unterricht	Materialien
2	PA: TN erfinden eine Person und notieren zu ihr Informationen (vgl. Infobox). Sie hören das Beispiel (evtl. mehrfach) und spielen mit einem anderen Paar: Je ein TN von Paar A spielt mit einem TN von Paar B. A berichtet über seine/ihre Person und B stellt Rückfragen, wie im Beispiel. Dann berichtet B, A fragt.	CD: Track 1.24

	Erläuterungen zum Unterricht	Materialien
3a	KL schreibt *Berlin*, *Bern* und *Wien* an, fragt, wo die Städte liegen, und erklärt, dass sie die Hauptstädte von D-A-CH sind. TN lesen die Texte und ordnen die Bildern zu, dabei markieren sie Schlüsselwörter. Vergleich im PL. **Lösung:** A4, B6, C1, D2, E3, F5	
3b	TN hören die Dialoge und ordnen die passenden Bilder zu. **Lösung:** Dialog 1: B und F, Dialog 2: D und E, Dialog 3: C und A BINNENDIFFERENZIERUNG: Wahlweise notieren TN sich zusätzlich noch die Zeitangaben zu den Aktivitäten.	CD: Track 1.25–27
3c	TN lesen die Sätze, hören die Dialoge noch einmal und entscheiden, ob die Sätze richtig oder falsch sind. **Lösung:** 2F, 3R, 4F, 5R, 6F ERWEITERUNG (für stärkere Gruppen): TN schreiben je eine Frage zu einem der Texte und Fragen sich gegenseitig. Beispiele: Wie heißt der Künstler aus Österreich? Wohin kann man in Basel am Wochenende gehen?	CD: Track 1.25–27

	Erläuterungen zum Testtraining	Materialien
1	KL bespricht mit TN die Tipps. TN hören die Texte ein erstes Mal. KL erinnert vor dem zweiten Hören daran, dass TN sich jetzt besonders auf die unsicheren Stellen konzentrieren sollen. TN hören dann zum zweiten Mal und kreuzen an. **Lösung:** 1. b, 2. b, 3. c, 4. c, 5. a	CD: Track 1.28–32

	Erläuterungen zum Testtraining	Materialien
2a	TN lesen die Tipps und besprechen sie im PL.	
2b	KL sammelt im PL Vorschläge für Fragen zum Thema „Beruf". Dann lesen TN die Fragen und ordnen die Antworten zu. **Lösung:** 2. f), 3. a), 4. e), 5. b), 6. d)	
2c	PA: TN lesen die Dialoge und schreiben weitere Fragen und Antworten zu den Themen auf. Vorspiel im PL. BINNENDIFFERENZIERUNG: Schnellere TN bearbeiten mehrere, langsamere nur ein Thema. VARIANTE: TN wählen, ob sie ein Thema schriftlich oder mehrere Themen mündlich bearbeiten.	
2d	GA (3-6 TN): KL kopiert die Karten für jede Gruppe und schneidet sie aus. Die Karten werden verdeckt auf den Tisch gelegt. A zieht eine Karte, stellt damit eine Frage, B antwortet, stellt die nächste Frage an C usw.	Kopien, Schere

11 Alles Gute!

Sprachhandlungen

Sprechen	über Geschenke sprechen; ein Fest vorstellen; Small Talk machen*; über Jahreszeiten und Aktivitäten sprechen
Hören	Glückwünsche verstehen*; am Telefon nachfragen
Schreiben	auf eine Einladung reagieren*
Lesen	eine Einladung verstehen*; Aussagen über Feste verstehen
Beruf	Geburtstag im Betrieb, in der Firma

Lerninhalte

Redemittel	Ich habe im Winter Geburtstag, am 5. Februar.; Vielen Dank für die Einladung!; Was schenken wir ihr?; Herzlichen Glückwunsch!
Wortschatz	Monate und Jahreszeiten; Geschenke, Glückwünsche, Feste (*Hochzeit, Geburtstag Weihnachten*); Zeitangaben (*gestern, heute, morgen* etc.),
Grammatik	Datum; Zeitangaben; Personalpronomen im Dativ (*mir, dir, ihm, ihr, uns, euch, ihnen/Ihnen*); temporale Präpositionen (*in, an, ab, von, um, am, bis*); Präposition *bei*
Aussprache	Rhythmus und Satzakzent; lange Sätze; Satzakzent und Emotionen

	Erläuterungen zum Unterricht	**Materialien**
1a	TN äußern Vermutungen zum Bild, lesen den Gruß und beantworten die Frage (Eleni hat Geburtstag, arbeitet seit 6 Monaten bei der Firma). TN lesen die Sprechblasen, klären die Bedeutung von *schenken*. KL fragt nach dem Geschenk. TN überlegen, welches Geschenk passen könnte (Klärung *DB* = Deutsche Bahn und *Gutschein*). TN hören das Gespräch und markieren die Lösung. **Lösung:** B ERWEITERUNG (PL/GA): TN erstellen Wortigel zum Thema *Geburtstag*.	CD: Track 1.33
1b	TN hören den Dialog noch einmal und beantworten die Frage. **Lösung:** Eleni möchte ihre Freundin in Bremen besuchen.	CD: Track 1.33
1c	PL: KL schreibt *schenken* und *ein Geschenk bekommen* an und erklärt den Unterschied (z. B. pantomimisch). TN lesen die Redemittel. PA: TN sprechen darüber, was sie gerne schenken bzw. geschenkt bekommen. VARIANTE: TN schreiben je ein bis drei Geschenke, die sie gerne schenken, und solche, die sie gerne geschenkt bekommen, auf Kärtchen. PA: Austausch darüber, Präsentation der Favoriten im PL als ▶ **Hitparade**. INTERKULTURELLE PERSPEKTIVE (GA): TN berichten, was man bei ihnen üblicherweise schenkt, evtl. auch, was man nicht schenken darf. Vorab führt KL Redemittel dazu ein. TB: *Was schenkt man bei euch zum Geburtstag? Bei uns schenkt man zum Geburtstag … / … schenkt man bei uns nicht.*	Kärtchen

	Erläuterungen zum Unterricht	**Materialien**
2a	KL schreibt und fragt „Der Wievielte ist heute?", schreibt das Tagesdatum an (z. B. *18.04.2016*), fragt nach dem Datum *gestern* und *morgen* und schreibt es ebenfalls an. TN lesen den Dialog und markieren die Daten. Vergleich in PA. **Lösung:** 18., 15., 20.	
2b	TN hören den Dialog, überprüfen ihre Lösungen aus 2a und ergänzen den Fokus. KL erklärt, dass das Datum mit *der …+ te (1–19)/+ste (ab 20)* gebildet wird. **Lösung:** fünfte, sechste, neunte, zweiundzwanzigste, dreißigste ERWEITERUNG: TN lesen den Dialog in PA.	CD: Track 1.34
2c	KL zeigt die Tabelle, klärt die Bedeutung der Angaben *vorgestern, übermorgen* und *vor/in 3 Tagen*. TN üben in PA, anschließend Fragerunde im PL.	

3a	KL schreibt *der Monat* an. TN hören die Monate und markieren den Wortakzent. Vergleich im PL. PA: TN üben die Aussprache. **Lösung:** März, April, M<u>ai</u>, J<u>u</u>ni, J<u>u</u>li, August, Sept<u>e</u>mber, Okt<u>o</u>ber; November, Dezember	CD: Track 1.35
	ERWEITERUNG/Spiel (PA): A nennt eine Zahl, B den passenden Monat usw. Alternativ würfeln TN mit zwei Würfeln Zahlen (1–12) und nennen den Monat.	Würfel
3b	KL schreibt *die Jahreszeiten* an und klärt die Bedeutung anhand der Fotos. TN ordnen die Monate zu. Vergleich im PL. **Lösung:** der Winter: Dezember, Januar, Februar; der Frühling: März, April, Mai; der Sommer: Juni, Juli, August; der Herbst: September, Oktober, November	
UND SIE?	PA: TN berichten mithilfe der Redemittel über die Jahreszeiten in ihrem Land und was sie wann gerne machen.	
	BINNENDIFFERENZIERUNG: TN wählen, ob sie in PA/GA über die Jahreszeiten in ihrem Land berichten oder in EA Texte über ihre Lieblingsjahreszeit schreiben. VARIANTE (GA): KL bereitet vier Tische mit je einem Plakat für eine Jahreszeit vor. TN wählen eine Jahreszeit und erstellen eine Mindmap. TN ergänzen ggf. die Plakate der anderen Gruppen.	Plakate

Erläuterungen zum Unterricht	**Materialien**

4a	KL zeigt die Fotos und TN nennen bereits bekannte Namen und Berufe. TN lesen die Sätze und ordnen sie den Fotos zu. **Lösung:** 1. B, 2. A, 3. C, 4. E, 5. D	
	BINNENDIFFERENZIERUNG: KL legt je ein Foto auf einen Tisch. TN wählen Foto/Tisch und entscheiden mit den anderen TN ihres Tisches, ob sie zur Person Daten sammeln, einen Steckbrief schreiben oder einen Text, in dem die Person sich vorstellt. Sie können dabei – wenn bekannt – tatsächliche Daten verwenden oder Vermutungen anstellen. Präsentation im PL, die anderen Gruppen raten, welches Foto passt. Dann Zuordnung wie oben. ERWEITERUNG: TN recherchieren eine berühmte Persönlichkeit aus D-A-CH oder aus ihrem Heimatland und stellen diese im Kurs vor.	Kopien der Fotos
4b	TN betrachten die Fotos und lesen die Sprechblasen. TN hören den Dialog und nennen das Thema. Beim zweiten Hören tragen die TN die Daten ein. **Lösung:** (im Uhrzeigersinn): 10. Juni, 3. Oktober, 17. August, 20. Mai	CD: Track 1.36
	BINNENDIFFERENZIERUNG: TN wählen, ob sie die Sprechblasen lesen oder sich frei Notizen machen und die Infos dann mit den Sprechblasen abgleichen.	
4c	TN lesen und ergänzen den Fokuskasten. KL erklärt, dass *an* für Datum und Wochentag und *in* für Monat und Jahreszeit mit Dativ stehen und wie der Artikel abgekürzt wird. Außerdem weist KL auf die Dativendung beim Datum hin. Zur Festigung bearbeiten TN anschließend ÜB 4a–c. **Lösung:** dritten, vierten	
UND SIE?	Differenzierungsaufgabe – Geburtstagskette: KL nennt ihren/seinen Geburtstag, fragt A nach dem Geburtstag und bittet sie/ihn sich rechts oder links neben sie/ihn zu stellen, je nach Geburtsdatum. A fragt B nach dem Geburtstag, diese/r ordnet sich in die Kette ein usw. Geburtstagskalender: TN gehen herum, fragen die anderen nach ihren Geburtstagen und tragen diese in einen Jahreskalender ein. Vergleich durch gemeinsames Eintragen in einen Kurskalender (Plakat oder IAW).	KV

Erläuterungen zum Unterricht	**Materialien**

5a	KL fragt: „Wer schreibt an wen und warum?" TN überfliegen die Mail und antworten. TN lesen die Fragen und markieren die Antworten in der Mail oder schreiben wahlweise Antwortsätze. Vergleich im PL. **Lösung:** 1. am 23. Mai, 2. ab 19 Uhr, 3. Salate, 4. Party-Musik	
	BINNENDIFFERENZIERUNG: Schnellere TN schreiben eine weitere Frage zur E-Mail, tauschen diese aus und beantworten sie.	

5b	TN lesen den Grammatikkasten und markieren die Präpositionen in den Sätzen 1–5. Bei Bedarf visualisiert KL die Bedeutung: *ab* ↦, *von* → *bis* und *um/am* •. **Lösung:** 1. um, 2. ab, 3. bis, 4. bis, 5. Am	
5c	KL fragt: „Wer kommt zur Party?" TN lesen die SMS und markieren mit +/–. TN hören die Nachrichten auf Elenis AB und markieren ebenso. Vergleich im PL. **Lösung:** A+, B–, C+, D+, E–, F+	CD: Track 1.37–39
UND SIE?	Bei dieser Differenzierungsaufgabe wählen TN, ob sie die Satzstücke zu einer Antwortmail ordnen oder frei eine Antwort schreiben. TN, die eine E-Mail schreiben, können sich an der E-Mail von Eleni in 5a orientieren. **Lösung:** Liebe Eleni, vielen Dank für die Einladung. Leider kann ich nicht kommen. Ich muss am 23. arbeiten. Viel Spaß! Thea	
	BINNENDIFFERENZIERUNG: Für langsamere TN kopiert und zerschneidet KL die Satzteile, sodass sie sie nur in die richtige Reihenfolge legen müssen.	Kopien, Schere

Erläuterungen zum Unterricht		**Materialien**
6a	TN betrachten die Bilder und suchen den Wortschatz aus a–d. KL fragt: „Wer schenkt Eleni was?" TN hören die Dialoge und ordnen zu. Vergleich im PL. **Lösung:** 1. c), 2. d), 3. a), 4. b)	CD: Track 1.40–42
6b	TN markieren die Personalpronomen und ergänzen die Tabelle. KL erklärt, dass bestimmte Verben mit Dativ stehen und verdeutlicht dies anhand der Beispiele. **Lösung:** mir, dir, ihm	
6c	TN ergänzen die Pronomen, vergleichen in PA und hören zur Kontrolle. **Lösung:** mir, ihm, ihm, dir	CD: Track 1.43
6d	KL erklärt, dass *schenken* immer mit Dativ und Akkusativ steht. TB: *Wer?*　　　　　　*Wem?*　　*Was?* *Ich*　　*schenke*　　*dir*　　*eine DVD.* KL zeigt den Ablauf des Spiels, indem KL es mit einem/einer TN im PL vorspielt. Dann spielen TN in PA: A würfelt und stellt die Frage zur passenden Person, B würfelt und antwortet mit dem passenden Geschenk.	Würfel
UND SIE?	PA: TN fragen sich gegenseitig, was sie gerne machen/mögen und nennen für ihre/n Partner/in ein Geschenk. Dabei verwenden sie die Redemittel. Dann berichten TN im PL, was sie ihrem/ihrer Partner/in geschenkt haben.	
	VARIANTE: TN gehen herum, fragen ihre/n Partner/in nach Vorlieben und nennen ein Geschenk für sie/ihn. Präsentation im PL / in GA.	

Erläuterungen zum Unterricht		**Materialien**
7a	TN äußern Vermutungen zu den Festen auf den Fotos und überfliegen die Texte, um die Feste zu benennen. Dann lesen sie die erste Aussage und KL fragt: „Was stimmt hier nicht?" TN äußern wieder Vermutungen, suchen die Stellen in den Texten und korrigieren die Aussagen 1–4. KL erklärt anhand des Grammatikkastens, dass die Präposition *bei* immer mit Dativ steht. **Lösung:** 1. Das Hochzeitsfest war sehr schön. 2. Das Hochzeitsfest war erst um drei Uhr zu Ende. 3. Selim war der letzte Gast bei der Geburtstagsfeier. 4. Oriana findet Weihachten in Deutschland sehr ruhig.	
	BINNENDIFFERENZIERUNG: Schnellere TN schreiben weitere falsche Aussagen zu den Texten und lassen sie von ihrem Partner / ihrer Partnerin korrigieren.	
7b	KL fragt: „Was sagt man zur Hochzeit / zum Geburtstag / zu Weihnachten?" Ggf. nennen TN bereits bekannte Glückwünsche. Sie lesen die Glückwünsche und ordnen sie zu. Ein Glückwunsch passt nicht (Geburt). **Lösung:** 1A, 2C, 4B	
	ERWEITERUNG (GA, 3–4 TN): TN wählen ein Fest (aus dem KB oder ein anderes Fest) und erstellen dazu ein Wortschatzposter.	Plakate

7c	TN lesen die Sätze 1–3 und ergänzen mithilfe der Texte aus 7a die Wörter. **Lösung:** a Gäste, b Einladung, c Weihnachtszeit	
UND SIE?	Differenzierungsaufgabe – Sprechen in PA/GA: TN berichten über ihr letztes Fest und zeigen evtl. Fotos, die anderen stellen Fragen. Schreiben: TN schreiben einen Bericht über ihr letztes Fest und ergänzen ggf. Fotos.	
	ERWEITERUNG: TN veröffentlichen ihren Bericht auf einer Lernplattform. Die anderen TN lesen die Texte und schreiben zu mindestens einem Text eine Frage / einen Kommentar, auf den der Verfasser dann wieder antwortet. INTERKULTURELLE PERSPEKTIVE: TN berichten über ein Fest, dass typisch für ihr Heimatland ist. ERWEITERUNG: TN erhalten eine Kopie des Lückentextes. KL diktiert, TN ergänzen die Lücken. Vergleich am IAW/OHP. Variante (PA): A diktiert, B ergänzt die Lücken.	Internet, Fotos KV

Erläuterungen zum Unterricht		Materialien
8a	TN äußern Vermutungen zu Situation und Themen im Bild von 8b. Dann hören sie die Dialoge und kreuzen die passenden Themen bzw. Bilder an. **Lösung:** Herkunft, Kennenlernen, Familie, Beruf, Musik	CD: Track 1.44–46
8b	TN lesen im PL das Beispiel (12+1) und suchen in EA so viele Mini-Dialoge, wie sie finden können. Vergleich in PA. Jedes Paar spielt einen Dialog im PL vor. **Lösung:** 2+18, 3+7, 13+4, 5+8/20, 9+6, 7+16, 17+10, 11+18, 14+15, 19+6	
	ERWEITERUNG/BINNENDIFFERENZIERUNG: TN erweitern die Dialoge und/oder kombinieren Elemente aus mehreren Minidialogen.	

Erläuterungen zum Unterricht		Materialien
9a	TN hören die Sätze und markieren den Satzakzent wie in den Beispielen. Vergleich im PL durch übertriebenes Vorlesen und markieren am IAW. **Lösung:** 4. Ich bin Ben. 5. Ich heiße Anna. 6. Hallo, Anna. 7. Willst du auch etwas trinken. 9. Ja, gerne. Eine Cola!	CD: Track 1.47
9b	KL liest die Beispielsätze aus eins als ▶ **Oo-Sätze** vor, indem er/sie die Os entsprechend dem Satzakzent betont, d.h. auf dem großen O. Dann hören TN die Oo-Sätze und ordnen passende Sätze aus 9a zu. **Lösung:** a 1. + 2., b 4., c 5., d 7	CD: Track 1.48–51
9c	PA: TN üben die Sätze aus 9a als Oo-Sätze und wählen einen Satz aus, den sie im als Oo-Satz vorsprechen. Die anderen TN raten, welcher Satz dazu passt.	
VORHANG AUF	TN besprechen die Bilder im PL. Dann wählen sie in PA ein Bild aus und schreiben und spielen dazu einen Dialog.	Video K11
	ERWEITERUNG/BINNENDIFFERENZIERUNG: KL ermutigt TN, die schnell fertig sind, einen weiteren Dialog frei zu spielen bzw. zu improvisieren.	

12 Unterwegs

Sprachhandlungen

Sprechen	einen Weg beschreiben; ein Gespräch am Fahrkartenschalter führen*; eine Stadt vorstellen
Hören	Durchsagen am Bahnhof verstehen*; Wegbeschreibungen verstehen*
Schreiben	eine Postkarte schreiben
Lesen	eine E-Mail, eine Chat-Nachricht, einen Text über Bremen verstehen
Beruf	ein Gespräch am Fahrkartenschalter führen

Lerninhalte

Redemittel	Ich fahre mit dem Bus vom Bahnhof zur Schule.; Ich möchte eine Fahrkarte nach Bremen, hin und zurück.; Gehen Sie links und dann immer geradeaus.; Wohin gehst du morgen? Ins Café.; Bremen liegt im Norden von Deutschland.*
Wortschatz	Verkehrsmittel; Orte in der Stadt; Himmelsrichtungen
Grammatik	lokale Präpositionen mit Dativ *(von, nach, zu, mit)*; Präpositionen *in* und *an* auf die Fragen *Wo?* Und *Wohin?*; Imperativ *(du-Form)*
Aussprache	*r; r* und *l*

Erläuterungen zum Unterricht	**Materialien**
1a	TN besprechen die Fotos, lesen die E-Mail, schreiben in PA Fragen dazu auf, tauschen die Fragen mit einem anderen Paar und beantworten sie.	
	BINNENDIFFERENZIERUNG: TN wählen, ob sie die Fragen schriftlich oder mündlich stellen und beantworten. Ggf. bearbeiten TN ÜB 1a, markieren in der E-Mail von Carla Schlüsselwörter und formulieren W-Fragen.	
1b	TN lesen die Sätze, hören das Telefongespräch und kreuzen die richtige Variante an. Vergleich im PL. **Lösung:** 1. Eleni will mit dem Zug fahren. 2. Eleni hat noch keine Fahrkarte. 3. Carla will Eleni abholen.	CD: Track 1.71

Erläuterungen zum Unterricht	**Materialien**
2a	KL fragt/erklärt, was Eleni und Ben im Bild machen. KL fragt, wann und wie Eleni nach Bremen fährt. TN hören den Dialog und beantworten die Frage. **Lösung:** Eleni fährt am Freitag, 16. Juli, ab 13 Uhr mit dem Zug nach Bremen.	CD: Track 1.72
	BINNENDIFFERENZIERUNG: TN wählen, ob sie den Dialog nur hören und sich Notizen machen oder im KB mitlesen und die passenden Stellen markieren.	
2b	TN ergänzen den Grammatikkasten mithilfe des Dialogs aus 2a. KL erklärt die Bedeutung der Präpositionen mithilfe der Beispielsätze und Fragewörter und erklärt, dass nach diesen Präpositionen immer der Dativ steht. TB:	

der Bus, der Bahnhof: *Ich fahre*   *mit dem Bus*   *zum Bahnhof.*
das Auto, das Kino: *mit dem Auto*   *zum Kino.*
die U-Bahn, die Schule: *mit der U-Bahn*   *zur Schule.*

	KL weist darauf hin, dass die Präpositionen *von + dem* und *zu + dem/der* mit dem Artikeln zu *vom* und *zum/zur* verschmelzen *(siehe Kasten)*. **Lösung:** mit, von … nach, mit, von … zum	
2c	TN schreiben Sätze wie im Beispiel.	
	BINNENDIFFERENZIERUNG: TN steuern den Schwierigkeitsgrad, indem sie kurze Sätze mit einer oder lange Sätze mit mehreren Präpositionen schreiben.	
	VARIANTE/SPIEL/BINNENDIFFERENZIERUNG: Teilnehmer, die sich mit den Sätzen noch schwertun, üben zunächst mit Kärtchen. KL bittet TN, die Kärtchen auszuschneiden, auszulegen und jeweils drei Kärtchen passend zu kombinieren (z.B. *mit dem Auto*).	KV
2d	TN sprechen wie im Beispiel, indem sie den Satz jeweils um eine Information erweitern.	

UND SIE?	TN notieren sich Fragen mit „Wie kommst du zum/zur …?", gehen im Kurs herum, befragen fünf TN und notieren sich die Antworten. Präsentation in GA.
	BINNENDIFFERENZIERUNG: Schnellere TN schreiben mehrere Fragen, langsamere nur ein oder zwei.

	Erläuterungen zum Unterricht	**Materialien**
3a	TN besprechen das Foto, lesen und hören den Dialog (ggf. mehrmals) und ergänzen die Informationen. Dann lesen sie den Dialog in PA laut. **Lösung:** 1. Freitag, 2. 13:15 Uhr, 3. 13:15 Uhr, 4. 18:46 Uhr, 5. 9, 6. Montag, 7. Freitag, Montag	CD: Track 1.73
3b	TN lesen den Dialog noch einmal und variieren Tag, Uhrzeit und Reiseziel wie vorgegeben, dann mit erfundenen Angaben und tauschen die Rollen.	
	ERWEITERUNG: TN wählen ein Reiseziel in Deutschland, recherchieren die Fahrzeiten im Internet (www.bahn.de oder DB App) und berichten im PL.	
3c	TN hören die Durchsagen und entscheiden, welche wichtig für Eleni ist (Schlüsselwörter Gleis 9, ICE nach Bremen, 13:30 Uhr). **Lösung:** Durchsage 2	CD: Track 1.74–76
3d	TN lesen die Fragen, hören die Durchsagen noch einmal und entscheiden, ob Antwort a oder b passt. **Lösung:** 1. a, 2. b, 3. b	CD: Track 1.74–76

	Erläuterungen zum Unterricht	**Materialien**
4a	KL schreibt *r* an und erklärt, dass man das „R" manchmal hört, manchmal nicht. Als Beispiel schreibt KL *Bremen* und *Berlin* an und spricht die Wörter übertrieben vor. TN hören die Wörter und markieren entsprechend. Vergleich im PL. KL erklärt anhand des Tipps, wann man „R" hört und spricht. **Lösung:** r = Bremen, fahren, zurück; – = Berlin, Abfahrt, Durchsage	CD: Track 1.77
	ERWEITERUNG: TN suchen weitere Wörter mit „R" aus dem KB, überlegen anhand der Regeln, ob man das „R" hört und spricht. Präsentation im PL.	
4b	TN hören die Sätze und sprechen sie nach.	CD: Track 1.78
	BINNENDIFFERENZIERUNG: Schnelle TN schreiben weitere Sätze. ERWEITERUNG: TN üben die Sätze in PA und sprechen einen Satz im PL vor. Ggf. bearbeiten TN ÜB 4. KL übt mit TN bei Bedarf den Unterschied zwischen *r* und *l* und erklärt, dass die Zunge bei *r* unten ist und bei *l* oben gegen den Daumen gedrückt wird.	

	Erläuterungen zum Unterricht	**Materialien**
5a	KL fragt „Wer schreibt hier an wen?" (Carla an Eleni) und „Was ist das Problem?". TN lesen die Nachricht und beantworten die Frage. **Lösung:** Carla kann Eleni nicht abholen. Sie muss bis 19 Uhr arbeiten.	
5b	KL fragt: „Wo steigt Eleni aus?" TN suchen den Hauptbahnhof. KL erklärt die Begriffe *rechts, links, geradeaus*. TN suchen den Ausgang Richtung Zentrum (roter Punkt im Plan). TN zeichnen mithilfe der E-Mail den Weg vom Hauptbahnhof zu Carlas Büro in den Plan.	
5c	PA: TN lesen die Sprechblasen und beschreiben anhand des Wegs, den sie in den Plan aus 5b eingezeichnet haben, wie Eleni zu Carlas Büro kommt. Dabei korrigieren sie ggf. die Strecke. Vergleich im PL: Ein/e TN beschreibt den Weg, ein/e andere/r zeichnet den Weg am IAW / am OHP in den Stadtplan ein. **Lösung:** vgl. E-Mail 5a	
	BINNENDIFFERENZIERUNG: TN wählen, ob sie die Aufgabe in PA mündlich oder in EA schriftlich bearbeiten. Mündliche Variante: Zur Vereinfachung machen TN sich Notizen zur Wegbeschreibung. Vergleich mündlich im PL.	

		Materialien

5d   TN ergänzen den Fokuskasten mithilfe der E-Mail aus 5a. KL erklärt die Bildung des Imperativs in der du-Form (*du* und *-st* fallen weg, sodass nur noch der Verbstamm übrigbleibt, das Verb kommt auf Position 1).
Lösung: Nimm, Geh, Ruf ... an, Warte

ERWEITERUNG: Die Sie-Form kennen TN aus Kapitel 3. Zur Wiederholung ergänzen sie die Sie-Form zu den Verben im Kasten oder bearbeiten ÜB 5b.

5e   TN schreiben Sätze mit den Verben aus 5d.

BINNENDIFFERENZIERUNG: Schnellere TN schreiben weitere Sätze.

5f   KL schreibt an „Wie komme ich zum Fenster / zur Tafel?" und erklärt das Spiel (GA, 3–4 TN): Ein/e TN bekommt die Augen verbunden und fragt nach dem Weg zu einem Ort im Kursraum. Die anderen erklären den Weg so lange, bis die Person ihr Ziel erreicht hat.   Tücher

VARIANTE (GA, 3–4 TN): Ein/e TN geht aus dem Kursraum, die anderen überlegen sich ein Ziel. TN kommt zurück und die anderen lotsen ihn/sie zum Zielort.
VARIANTE: Stühle und Tische werden zur Seite geschoben, TN teilen den Klassenraum mithilfe von Kreppklebeband in Planquadrate ein, sodass Wege entstehen. Spiel in GA: A fragt nach einem Weg, z. B. zu Tafel oder Fenster, die anderen TN erklären einen Weg, dem A dann zum Ziel folgt.

Erläuterungen zum Unterricht	**Materialien**

6a   KL erstellt auf Zuruf einen ▸ **Wortigel** zum Thema *Stadt* (*der Bahnhof, die Straße* etc). TN lesen die Orte, suchen sie im Stadtplan und schreiben die Nummer dahinter. PA: TN vergleichen mündlich ihre Ergebnisse.
Lösung: 2 das Rathaus, 3 der Dom, 4 der Marktplatz, 5 das Museum, 6 der Fluss (die Weser), 7 die Bank, 8 die Post, 9 das Café „Anton"

6b   TN lesen die Sätze und suchen die Orte. Sie hören die Dialoge und kreuzen an.   CD: Track 1.79–80
Lösung: 1. Dialog 1, 2. Dialog 2

6c   KL schreibt *Wo?* und *Wohin?* an. TN lesen die Sätze, hören die Dialoge bei Bedarf noch einmal und entscheiden, welches Fragewort passt. KL erklärt anhand der Visualisierung im Grammatik-kasten, dass *wo* nach einem Standort und *wohin* nach einer Richtung fragt.   CD: Track 1.79–80
Lösung: Wo?, Wohin?

6d   KL fragt „Wo sind die Personen und wohin möchten sie?" und weist darauf hin, dass es sich um die Antworten zu den Dialogen von 6b handelt (1. in der Sögestraße, 2. am Rathaus). TN lesen die Antworten und suchen die Wege im Stadtplan. Vergleich im PL (durch Einzeichnen im Stadtplan).

6e   KL fragt „Wie fragt man nach dem Weg?" und schreibt *Ich suche ...*, *Wie komme ich ...?* und *Wo ist ...?* an. EA: TN notieren sich einen Ausgangspunkt und ein Ziel. PA: TN fragen und antworten mithilfe des Stadtplans aus 6a.
KL achtet darauf, dass die Redemittel zur Wegbeschreibung hier einfach gehalten werden. Wegbeschreibungen werden auf dem Niveau A2 wieder aufgegriffen.

BINNENDIFFERENZIERUNG: TN wählen, ob sie einen Dialog aufschreiben oder mehrere Dialoge mündlich üben.

UND SIE?   EA: TN beschreiben ihren Weg zum Deutschkurs / zur Arbeit (schriftlich) und stellen ihn dann mündlich in GA / im PL vor.

Erläuterungen zum Unterricht	**Materialien**

7a   TN besprechen im Kurs, was sie auf den Bildern sehen. TN hören das Gespräch und achten darauf, welche Bilder passen.   CD: Track 1.81
Lösung: Bild B, Bild C

ERWEITERUNG: TN tauschen sich in PA darüber aus, welchen Ort sie besonders interessant finden / gerne besichtigen möchten.

7b	TN lesen die Sätze, hören das Gespräch noch einmal und kreuzen die passende Lösung an. Vergleich im PL. **Lösung:** 1. c, 2. a, 3. b, 4. a	CD: Track 1.81
7c	EA: TN schreiben Kärtchen mit Orten, die sie interessant finden, und mit Zeitangaben oder erhalten die Kärtchen als KV. TB zur Wiederholung: *wohin? = in/an + Akkusativ in/an + das = ins Theater/ ans Meer* Die Kärtchen kommen umgekehrt auf zwei Stapel. A zieht ein Kärtchen mit Zeitangabe und fragt B, wo er/sie morgen, am Wochenende etc. hin möchte. B zieht ein Kärtchen und antwortet, fragt dann C usw.	Kärtchen KV
7d	TN lesen die Postkarte und ergänzen die Präpositionen. Vergleich im PL. **Lösung:** mit, nach, im, von, mit, nach, im	
UND SIE?	Zu a: TN machen sich Notizen zu den Fragen, dann berichten sie in GA. Zu b: TN schreiben ihre Namen auf Zettel. KL sammelt die Zettel ein und verteilt sie neu. TN schreiben eine Postkarte an die entsprechende Person. ERWEITERUNG: Als Vorentlastung bearbeiten TN ÜB 7. VARIANTE (Beruf): TN schreiben eine Postkarte von einer Geschäftsreise. VARIANTE: TN schreiben die Postkarte in PA/GA an eine andere Gruppe.	

Erläuterungen zum Unterricht		**Materialien**
8a	TN lesen die Wörter, klären die Bedeutung im PL und suchen Informationen zu den Wörtern im Text. Vergleich im PL. **Lösungsvorschlag:** Bremen liegt im Norden von Deutschland. Bremen hat 500.000 Einwohner. Bremen liegt an einem Fluss, an der Weser. Das Rathaus ist über 500 Jahre alt und UNESCO-Weltkulturerbe. Die Stadt ist sehr grün. Einen Hund gibt es in dem Märchen „Die Bremer Stadtmusikanten".	
	BINNENDIFFERENZIERUNG: KL schreibt Wörter auf Kärtchen. TN erhalten ein oder mehrere Kärtchen, suchen dazu die Infos im Text. GA (so, dass in jeder Gruppe jedes Wort einmal vorkommt): TN stellen die Infos zu „ihren" Wörtern vor.	Kärtchen
8b	TN lesen die Fragen, suchen die Stellen im Text und schreiben Antworten. **Lösungsvorschlag:** 1. Die Stadt liegt in Norddeutschland / an der Weser. 2. Man kann das Rathaus, den Dom und den Roland besichtigen. 3. Man kann ins Theater und Museum gehen, man kann im Stadtzentrum einkaufen, man kann im Bürgerpark joggen, spazieren gehen oder Boot fahren. Man kann abends an der Weser sitzen. 4. „Die Bremer Stadtmusikanten" ist ein Märchen.	
8c	TN erstellen in GA ein Plakat zum Kursort, zu einer Stadt aus D-A-CH oder zu ihrer Heimatstadt. Infos können ggf. im Internet recherchiert werden. Präsentation im PL.	Plakat, Internet
	BINNENDIFFERENZIERUNG/PROJEKT: TN wählen die Art der Präsentation: Plakat, Infobroschüre mit Infotext, Stadtplan mit Sehenswürdigkeiten, o. Ä.	
VORHANG AUF	Bei dieser handlungsorientierten Differenzierungsaufgabe wählen TN eine oder mehrere der drei Aufgaben aus und bearbeiten sie in PA oder GA.	Video K12

Haltestelle F

	Erläuterungen zum Unterricht	Materialien
1	PA: TN betrachten die Fotos und sprechen darüber, was die Personen machen. Dabei hält ein/e Partner/in das Buch geschlossen. Der/Die andere Partner/in beschreibt, was er/sie auf den Fotos sieht. TN lesen anschließend die Texte und ordnen sie den Fotos zu. Vergleich im PL. **Lösung:** 1 Reiseberater/in, 2 Lokführer/in, 3 Schaffner/in, 4 Kellner/in	

	Erläuterungen zum Unterricht	Materialien
2	PA: A wählt einen Text und diktiert ihn B. B hat dabei drei Joker, das heißt, B darf dreimal unterbrechen und um Hilfe bitten wie im Beispiel. Dann wählt B einen Text und diktiert ihn A. Anschließend korrigieren TN die Texte in Form von einer ▶ **Partnerkorrektur**. ERWEITERUNG: TN schreiben in PA einen ganz kurzen, einfachen Text über einen Beruf ihrer Wahl in Ich-Form. Anschließend lesen sie den Text im PL vor, die anderen TN erraten den Beruf.	

	Erläuterungen zum Unterricht	Materialien
3a	EA: TN erfinden einen Namen für „ihre Stadt" und tragen diesen und die Orte in ihren Stadtplan ein. TN haben jetzt unterschiedliche Stadtpläne, die in 3b für eine „information gap"-Aktivität genutzt werden können.	
3b	TN besprechen im PL die Redemittel für Wegbeschreibungen (siehe auch Kapitel 12). Zwei TN spielen einen Beispieldialog im PL vor, bei Bedarf schreibt KL einen Modelldialog an. PA: TN spielen in PA Wegbeschreibungen. Ausgangspunkt ist immer der Bahnhof. A fragt nach einem Ort, B erklärt den Weg, A trägt den Ort in die Liste ein. Dann fragt B usw. Anschließend vergleichen TN ihre Einträge mit dem Stadtplan des Partners / der Partnerin. BINNENDIFFERENZIERUNG: TN wählen, nach wie vielen Orten sie fragen.	
3c	TN besprechen die Aufgabe und die Fragen im PL und machen sich in EA Notizen dazu. Anschließend planen sie in GA gemeinsam den Geburtstag. Jede/r TN soll seine/ihre Ideen äußern und die anderen sollen sie kommentieren und dann gemeinsam besprechen, für welche Vorschläge sie sich entscheiden. Zum Schluss präsentieren die Gruppen ihren Plan im PL.	

	Erläuterungen zum Testtraining	Materialien
1	TN besprechen im PL die Tipps und das Beispiel. Dann lesen sie die Aufgaben und den Text, markieren ähnliche Wörter, die als Schlüsselwörter dienen, und vergleichen die Lösung und die Schlüsselwörter im PL. **Lösung:** 1 Richtig, 2 Falsch, 3 Richtig, 4 Richtig, 5 Richtig	

	Erläuterungen zum Testtraining	Materialien
2a	KL zeigt nur die Karte mit dem Kuli und sammelt dazu mögliche Fragen und Antworten im Kurs. Die TN lesen in PA die Dialoge. Dann bespricht KL mit TN die Tipps.	
2b	PA: TN wählen eine Karte und schreiben dazu in PA Bitten und Reaktionen. BINNENDIFFERENZIERUNG: Schnellere TN schreiben Bitten und Reaktionen zu weiteren Karten.	
2c	GA (2–3 TN): KL kopiert und zerschneidet die Karten. Jede Gruppe erhält ein Set und legt dies umgekehrt auf den Tisch. A zieht eine Karte, stellt B eine Frage dazu, B antwortet, zieht die nächste Karte, stellt C eine Frage dazu usw.	Kopien der Karten, Schere

13 Gute Besserung!

Sprachhandlungen

Sprechen	sagen, dass man krank ist*; Aufforderungen formulieren; Körperteile benennen; einen Arzttermin vereinbaren*
Hören	eine Terminvereinbarung verstehen; einem Gespräch mit dem Arzt/Apotheker wichtige Informationen entnehmen*; ärztliche Anordnungen verstehen*
Schreiben	auf eine Einladung reagieren*
Lesen	Kurznachrichten verstehen; den Flyer von einem Sportpark verstehen
Beruf	Berufsporträt Krankenpfleger

Lerninhalte

Redemittel	Ich habe eine Erkältung.; Ich soll heute nicht arbeiten.; Was fehlt Ihnen? Mein Kopf tut weh.; Haben Sie etwas gegen Husten? Nehmen Sie dreimal täglich eine Tablette.
Wortschatz	beim Arzt (Körperteile, Krankheiten); in der Apotheke (Medikamente)
Grammatik	Modalverb *sollen*; Konnektoren *und, oder, aber*
Aussprache	*f, v* und *w*; *r* und *l*

	Erläuterungen zum Unterricht	Materialien
1a	KL zeigt das Foto und fragt: „Was ist hier los?" TN lesen die Sprechblasen und sprechen mithilfe der Redemittel in PA über das Bild. KL sammelt Vermutungen im PL.	
	BINNENDIFFERENZIERUNG: TN wählen, ob sie das Bild frei oder mithilfe der Vorgaben beschreiben.	
1b	TN lesen die Sätze und überlegen in PA, wer was sagt. Dann hören sie das Gespräch und tragen die passende Person ein. **Lösung:** 2. C, 3. K, 4. C, 5. C, 6. C, 7. C, 8. K und C	CD: Track 2.2

	Erläuterungen zum Unterricht	Materialien
2a	KL zeigt die Nachrichten und fragt: „Wer schreibt an wen?" TN suchen Absender und Empfänger. TN lesen die Sätze und die Nachrichten und prüfen, ob die Sätze richtig oder falsch sind und markieren die passenden Stellen in den Nachrichten. Vergleich im PL. **Lösung:** 1. F, 2. R, 3. R, 4. R, 5. F	
	BINNENDIFFERENZIERUNG: Schnellere TN korrigieren die falschen Sätze.	
2b	KL sagt: „Luka ist krank. Was sagt Markus und was sagt die Chefin?" TN lesen den Beispielsatz und suchen die Stelle in der SMS. KL wiederholt/visualisiert die Bildung des Imperativs in der Sie-Form (Verb auf Position 1, bei trennbaren Verben das Präfix ans Satzende). Dann suchen TN in EA die Stellen zu den restlichen Verben und ergänzen die Sätze. Vergleich im PL. **Lösung:** 2. Gehen, 3. Geben … ab, 4. Rufen Sie … an, 5. Machen Sie, 6. Schlafen Sie … aus	
2c	KL fragt: „Was soll Luka machen?" TN lesen den Beispielsatz im Fokuskasten, ergänzen das Verb im zweiten Satz mithilfe der SMS von Luka. TN suchen den dritten Satz mit *sollen* in der SMS und ergänzen ihn in der 3. Pers. Sg. KL erklärt, dass man mit *sollen* eine Aufforderung von einer anderen Person wiedergeben kann und verdeutlicht dies, indem er/sie eine Aufforderung aus 2b umwandelt: Was sagt Markus? Ruf zuerst in der Praxis an. Was soll Luka machen? Er **soll** zuerst in der Praxis **anrufen**. **Lösung:** … **gehen**. Er **soll** eine Krankmeldung **abgeben**.	
	BINNENDIFFERENZIERUNG: Schnellere TN wandeln weitere Imperativsätze aus 2b in Sätze mit *sollen* um.	
2d	KL sagt: „xy (Name eines/einer TN) ist krank. Was soll er/sie tun? Geben Sie Ratschläge." TN lesen die Beispiele, bei Bedarf wiederholt KL die Bildung des Imperativs in der du-Form. TN überlegen sich weitere Ratschläge (evtl. mithilfe eines Bildkärtchens aus der KV) und schreiben sie auf. TN stellen sich im Kreis auf und spielen: A gibt B einen Ratschlag im Imperativ, B fragt bei C nach, was er/sie tun soll, C wandelt den Satz in einen *sollen*-Satz um. B gibt mit einem neuen Ratschlag an C weiter usw.	

	VARIANTE: TN überlegen sich in EA Ratschläge, schreiben zu jedem Ratschlag nur ein Wort / zeichnen Bilder auf Kärtchen oder verwenden die Kärtchen der KV. GA (4–6 TN): TN sitzen im Kreis, die Kärtchen liegen im Stapel verdeckt. A zieht ein Kärtchen, formuliert einen Ratschlag, B fragt nach, C wiederholt indirekt, dann zieht B ein Kärtchen usw.	KV
UND SIE?	TN lesen das Beispiel. TN wählen, ob sie sich Notizen machen und in PA/GA berichten oder in EA Sätze aufschreiben.	

Erläuterungen zum Unterricht	**Materialien**
3a KL fragt zum Bild: „Was machen die Personen? Wo sind sie?" KL sammelt Wortschatz (*warten, das Wartezimmer, krank sein, die Arztpraxis, der Patient, der Termin* etc.). TN lesen Wörter, hören sie von der CD und ergänzen sie.	CD: Track 2.3
BINNENDIFFERENZIERUNG: TN hören die Wörter und notieren sie ohne Vorlage.	
3b TN lösen Nummer 2 (*der Kopf*) im Kurs, suchen in EA die weiteren Wörter und notieren die Nummern zu den Wörtern, die sie schon kennen. Vergleich in PA, dann im PL. KL markiert den Wortakzent an Tafel/IAW. **Lösung:** 1 der Rücken, 2 der Kopf, 3 das Ohr, 4 der Arm, 5 die Hand, 6 die Nase, 7 das Auge, 8 der Mund, 9 das Haar, 10 der Hals, 11 der Bauch, 12 das Bein, 13 das Knie, 14 der Fuß, 15 der Finger	
ERWEITERUNG: KL spricht Körperteile vor und zeigt dabei bei sich auf den entsprechenden Körperteil, TN zeigen und sprechen nach. ERWEITERUNG/SPIEL (in PA): TN stehen sich gegenüber. A zeigt auf einen Körperteil, B benennt ihn, dann zeigt B auf einen Körperteil usw. BINNENDIFFERENZIERUNG: TN wählen, ob sie die Wörter aus 3a üben (s. Variante) oder ob sie mithilfe des Wörterbuchs die Bezeichnungen für weitere Körperteile vorstellen (z. B. Bezeichnungen für die Finger o. Ä.). VARIANTE (GA, 2–4 TN): TN erhalten das Bild (möglichst als A3-Kopie) und die Wörter, schneiden die Wörter aus und kleben sie zum passenden Körperteil.	KV, Schere, Kleber
3c KL fragt zum Bild: „Worüber sprechen die Personen?" TN lesen die Sprechblasen. TN spielen Dialog wie im Beispiel. Als PA: weitere Dialoge.	

Erläuterungen zum Unterricht	**Materialien**
4a TN lesen die Fragen und äußern Vermutungen. Dann hören sie das Gespräch und beantworten die Fragen. **Lösung:** Luka ruft bei der Praxis Dr. Pohlmann an. Er möchte einen Termin.	CD: Track 2.4
4b TN lesen die Sätze, hören den Dialog noch einmal und nummerieren sie in der richtigen Reihenfolge. Dann lesen TN den Dialog in PA. **Lösung:** 2. Guten Tag. Mein Name ist Luka Horvat. Ich möchte einen Termin, bitte. 3. Ich habe am Donnerstag um 14 Uhr einen Termin. 4. Ich bin krank. Kann ich morgen Vormittag kommen? 5. Mittwochs haben wir leider geschlossen. Haben Sie Fieber? 6. Ja, und mein Kopf tut sehr weh. 7. Dann kommen Sie bitte gleich. Vergessen Sie Ihre Versicherungskarte nicht. 8. Vielen Dank. Bis gleich. 9. Bis dann. Auf Wiederhören.	CD: Track 2.4 Kopien der Sätze, Schere
VARIANTE (PA): Jedes Paar erhält ein Dialogpuzzle, bringt die Sätze in die richtige Reihenfolge und hört dann zur Kontrolle.	
4c TN besprechen die Redemittel und schreiben in PA Dialoge. Vorspiel im PL.	
VARIANTE: TN spielen in PA einen Termin, dann tauschen sie den/die Partner/in und die Rolle und vereinbaren einen weiteren Termin.	

Erläuterungen zum Unterricht		Materialien
5a	KL führt die Begriffe anhand der Bilder ein. TN hören die Dialoge und ordnen zu. **Lösung:** A4, B2, D3	CD: Track 2.5–8
5b	KL schreibt die Begriffe *Arzt/Ärztin* und *Patient/in* an. TN lesen die Sätze und ordnen die Antworten zu. Dann hören sie das Gespräch zur Kontrolle. **Lösung:** 2. h), 3. g), 4. i), 5. c), 6. f), 7. d), 8. a), 9. e)	CD: Track 2.9
5c	*w* und *v* stimmhaft und *f* und *v* stimmlos: TN hören und sprechen nach. KL schreibt *f/v* an und spricht die Laute übertrieben stimmlos vor, analoges Vorgehen mit stimmhaftem *w/v*. TN üben die Wörter übertrieben in PA.	CD: Track 2.10
5d	TN hören die Sätze, sprechen sie nach und üben sie dann in PA.	CD: Track 2.11
5e	Zwei TN lesen den Dialog im PL vor. Dann lesen zwei weitere TN den Dialog vor und variieren ihn. Anschließend variieren TN den Dialog in PA mit den vorgegebenen Varianten und/oder weiteren eigenen Varianten.	
5f	TN schreiben je ein Körperteil und eine Krankheit auf ein Kärtchen. PA: TN legen ihre Kärtchen umgekehrt auf den Tisch, ziehen eines und spielen einen Dialog dazu (Modell: Dialog aus 5e). Sie tauschen die Rollen, ziehen wieder ein Kärtchen und spielen einen weiteren Dialog usw.	Kärtchen
	VARIANTE: TN ziehen nur ein Kärtchen und schreiben den Dialog dazu auf.	

Erläuterungen zum Unterricht		Materialien
6a	KL schreibt *das Medikament, die Medikamente* an, und die Medikamente aus dem KB (Sg. und Pl.). TN klären den Wortschatz anhand der Bilder im PL. KL fragt: „Was bekommt Luka in der Apotheke?" TN hören den Dialog und kreuzen an. Vergleich im PL. **Lösung:** A, B, C, D, F	CD: Track 2.12
6b	KL fragt: „Wie oft soll Luka die Medikamente einnehmen?" TN hören den Dialog bis: „Nehmen Sie zweimal täglich eine Tablette." Dann lesen TN den Eintrag in der Tabelle und KL erklärt mithilfe des Infokastens, wie man die Angaben notiert. TN hören weiter und ergänzen die Tabelle. **Lösung:** 3x2 Nasentropfen (morgens, mittags, nachts), 3x1 Esslöffel Hustensaft (morgens, mittags, abends), Hustenbonbons immer möglich	CD: Track 2.12
	BINNENDIFFERENZIERUNG: TN wählen, ob sie sich Notizen zu einem oder zu allen Medikamenten machen.	
6c	TN lesen die Frage und die Beispielantwort in den Sprechblasen und fragen und antworten dann in PA zu den anderen Medikamenten.	
	ERWEITERUNG (GA 3–4 TN): TN schreiben je zwei Kärtchen zu weiteren Medikamenten und legen alle Kärtchen umgekehrt auf einen Stapel. A zieht ein Kärtchen, fragt B: „Wie oft soll Birgit *das Medikament* einnehmen?" B antwortet entsprechend der Angaben, zieht ein neues Kärtchen, fragt C usw.	Kärtchen
6d	TN ergänzen in PA den Dialog und spielen ihn.	
UND SIE?	EA: TN notieren sich eine Beschwerde und machen dazu eine ▶ **Ballrunde:** A fragt: „Was machst du gegen …?" B antwortet, fragt C usw.	Kärtchen Ball

Erläuterungen zum Unterricht		Materialien
7a	KL zeigt die Nachricht und fragt „Wer schreibt an wen?" (Markus an Luka) und „Warum ?". TN lesen die Nachricht und beantworten die Fragen. **Lösung:** Markus möchte mit Luka in den Sportpark gehen.	
7b	TN sprechen über Flyer und Fotos und ergänzen die Sätze. Vergleich im PL. **Lösung:** 1. Samstag, 2. 55 €, 3. Kurspaket, 4. Sonntag	

7c	TN lesen die Sätze im Fokuskasten, suchen sie in der Nachricht aus 7a und ergänzen die Konnektoren. KL erklärt die Bedeutung von *und*, *oder* und *aber* anhand der Beispielsätze (*und* = eine Aufzählung, *oder* = zwei Alternativen, *aber* = eine Einschränkung des Vorhergesagten). **Lösung:** oder, aber
7d	TN ergänzen in EA die Sätze. Vergleich im PL. **Lösung:** 1. und, 2. aber, 3. und, 4. oder, aber
7e	KL fragt: „Mögt ihr Kaffee oder Tee?" TN lesen die Antwort in der Sprechblase und beantworten die Frage. KL schreibt die Antwortmöglichkeiten an. TB: Mögt ihr Kaffee oder Tee? Ich mag Kaffee und Tee. Ich mag Kaffee, aber Tee mag ich nicht. Dann schreiben TN eine eigene Frage nach dem Muster auf (*Mögt ihr … oder …?*). GA (3–4 TN): TN stellen ihre Frage, die anderen antworten.
7f	TN lesen die Aufgabe und besprechen im PL die Punkte, zu denen sie etwas schreiben sollen. Bei Bedarf schreibt KL zur Vorentlastung Redemittel zu den Punkten an. TN schreiben in EA eine Antwortmail. ERWEITERUNG: TN tauschen ihre Antwortmail mit einer/einem TN aus und korrigieren sie in Form von ▸ **Partnerkorrektur**.

Erläuterungen zum Unterricht	**Materialien**
8a KL fragt: „Was ist Ömer von Beruf?" TN betrachten die Fotos und klären die Bedeutung der Berufe anhand der Fotos / mit dem Wörterbuch. TN überfliegen den Text und beantworten die Frage. KL weist vorab darauf hin, dass es hier noch nicht darum geht, den ganzen Text im Detail zu verstehen, sondern nur die Antwort auf die Frage zu finden. **Lösung:** Krankenpfleger ERWEITERUNG (PA): TN wählen ein Foto und sammeln dazu kurz Assoziationen/Wortschatz. Präsentation im PL. Dann weiter wie im KB.	
8b TN lesen die Sätze und klären den Wortschatz. Sie suchen die passenden Stellen im Text und entscheiden, ob die Sätze richtig oder falsch sind. **Lösung:** 1. F, 2. F, 3. R, 4. F, 5. R, 6. R	
8c TN vergleichen ihre Ergebnisse aus 8b in PA. Bei Bedarf arbeiten sie mit dem Wörterbuch. Vergleich im PL.	
VORHANG AUF TN lesen die Situationen und wählen, ob sie Dialoge zu Hause oder bei der Arbeit spielen wollen. GA (3–4 TN): TN wählen je eine Rolle, überlegen sich ein Rollenspiel und machen sich Notizen. Anschließend Vorspiel im PL. VARIANTE: KL kopiert die Rollenkarten auf farbiges Papier, je ein Set (auf der Arbeit bzw. zu Hause) in einer Farbe. Gruppenbildung: TN erhalten eine Rollenkarte und setzen sich mit Partnern zusammen, die dieselbe Farbe gezogen haben. TN stellen sich vor oder legen ihren Namen vor sich hin. Sie spielen ein Gespräch, ohne die Vorgaben der anderen Personen zu kennen.	Video K13 Kopie der Rollenkarten

14 Was kann ich für Sie tun?

Sprachhandlungen

Sprechen	über Aufgaben im Alltag sprechen; Dialoge im Hotel führen; biografische Informationen geben*
Hören	Dialoge im Hotel verstehen; Interviews zu beruflichen Situationen verstehen*
Schreiben	sich biografische Notizen machen; Informationen per E-Mail erbitten*
Lesen	Kurzbiografien verstehen; Anzeigen wichtige Informationen entnehmen
Beruf	Tätigkeiten im Hotel

Lerninhalte

Redemittel	Ich habe ein Doppelzimmer mit Frühstück reserviert.; Das habe ich schon gemacht, das muss ich noch machen.; Seit wann wohnst du hier? Ich bin vor drei Jahren gekommen.; Ich habe eine Stellenanzeige gelesen.; Ich arbeite gerne im Hotel.
Wortschatz	Hotel, Restaurant, Service
Grammatik	Verbindungen mit *denn*; Präpositionen *vor* und *seit* mit *Dativ*
Aussprache	*sp* und *st*

	Erläuterungen zum Unterricht	Materialien
1a	Besprechung der Fotos: KL schreibt auf Zuruf *Hotel, Gastgeber/in, Gast* an. TN überlegen in PA, was die Personen auf den Fotos sagen. Vergleich im PL.	
	VARIANTE: TN besprechen das Setting (Szenen im Hotel). TN wählen ein Foto und schreiben dazu einen kleinen Dialog. Präsentation im PL.	
1b	TN lesen die Dialogteile und überlegen, was zusammenpasst. Sie hören die Dialoge und ordnen 1–8 den Fotos zu. **Lösung:** 1+6: C, 2+8: D, 3+5: B, 4+7: A	CD: Track 2.24–27
	VARIANTE/BINNENDIFFERENZIERUNG (einfachere Variante): KL kopiert und zerschneidet die Dialogteile. TN ordnen sie einander zu und hören zur Kontrolle. Beim zweiten Hören ordnen sie die Dialoge den Bildern zu.	Kopien, Schere
1c	KL schreibt *Restaurant, Hotel, Service* an, TN lesen den Wortschatz und klären die Bedeutung, bei Bedarf auch mit dem Wörterbuch. Dann sammelt KL auf Zuruf weiteren Wortschatz in einem ▸ **Wortigel**.	
	VARIANTE (PA): TN notieren Wortschatz zum Thema. Dann weiter wie im KB. ERWEITERUNG/BINNENDIFFERENZIERUNG: TN erstellen ein Wortschatzplakat zu ihrem Arbeitsbereich und präsentieren es im PL/GA.	Plakate

	Erläuterungen zum Unterricht	Materialien
2a	TN lesen die E-Mail und benennen das Problem. Vergleich in PA, dann im PL. Bei Bedarf klären TN unbekannten Wortschatz im PL oder mit dem Wörterbuch. **Lösung:** Eleni hat ein Zimmer für Herrn Braun reserviert, aber sie hat keine Antwort vom Hotel bekommen.	
2b	TN hören die Telefongespräche und entscheiden, welches zu der E-Mail passt. Vergleich im PL. KL fragt, was TN bei der Lösung geholfen hat. (Schlüsselwörter zu Dialog 1: Eleni Dumitru, Buchung für Herrn Müller, keine Antwort bekommen, Internet auf den Zimmern) **Lösung:** Telefongespräch 1	CD: Track 2.28–29
2c	TN lesen die Sätze und klären unbekannten Wortschatz. Dann hören sie die Gespräch noch einmal und entscheiden, was passt: a, b oder c. Vergleich im PL. **Lösung:** Telefongespräch 1: 1. a, 2. b; Telefongespräch 2: 1. c, 2. a	CD: Track 2.28–29

2d	KL schreibt *To-Do-Liste* an, erklärt Bedeutung und Setting und fragt: „Was hat Frau Radev schon gemacht?" TN nennen einen Punkt. KL schreibt ihn als Modellsatz an und markiert zur Wiederholung die Satzklammer. Auch zu den anderen Fragen schreibt KL einen Beispielsatz an. TN fragen sich in Form einer ▶ **Ballrunde,** was Frau Radev schon gemacht hat bzw. noch machen muss.	Ball

Lösung: Frau Radev hat schon … die Penta GmbH angerufen. … den Techniker angerufen. … Zimmer 215–220 kontrolliert. Frau Radev hat noch nicht / muss noch … Prospekte bestellen. … die Rechnung vom Techniker bezahlen. … Patronen für den Drucker bestellen. … das Reisebüro COMTOURS anrufen. Die Speisekarten drucken.

ERWEITERUNG: Zur Vorentlastung der Sprechübung lässt KL TN die Stichpunkte auf der To-Do-Liste, die in Sätze umgewandelt werden sollen, zunächst markieren (Penta GmbH anrufen, Techniker anrufen usw.). Dann schreiben TN zu jedem Satzanfang aus den Sprechblasen einen passenden Satz auf. Weiter wie im KB.

UND SIE?	TN schreiben eine To-Do-Liste wie im Beispiel. PA: TN berichten sich gegenseitig, was sie schon gemacht haben / noch machen müssen.

VARIANTE (GA, 3–5 TN): Alternativ berichten TN in GA, was sie schon gemacht haben (ich-Form), anschließend berichten sie im PL (z. B. „Sergej muss heute noch Wäsche waschen.").

Erläuterungen zum Unterricht		**Materialien**
3a	KL zeigt das Foto, TN äußern Vermutungen zum Setting. TN lesen den Dialog und ergänzen a)–e). Dann hören TN zur Kontrolle. **Lösung:** c), a), e), d), b)	CD: Track 2.30
3b	TN lesen den Dialog in PA. BINNENDIFFERENZIERUNG: Optional können TN den Dialog auch variieren.	
3c	KL klärt die Situationen und den Begriff *höflich*. KL spielt Dialog 1 vor und bespricht die Lösung im PL, ggf. durch erneutes übertriebenes Vorsprechen der Antworten. TN hören die anderen Dialoge und kreuzen an. Vergleich im PL. **Lösung:** Sie arbeiten im Hotel: 1a, 2b, 3a; Sie sind Gast: 1b, 2a, 3b	CD: Track 2.31–36
3d	TN hören die Dialoge noch einmal und sprechen nach. KL verweist bei Dialog 1 auf die Intonation und ermutigt TN, die Antworten übertrieben und mit mimischer und gestischer Unterstützung vorzusprechen (höflich = sanft, freundlich; unhöflich = aggressiv).	CD: Track 2.31–36

ERWEITERUNG: TN schreiben in PA einen eigenen Mini-Dialog mit zwei Varianten: höflich und unhöflich. Dann üben sie die Antworten auf „lalala", also mit Fokus nur auf Intonation und Gestik und Mimik, ohne konkrete Wörter, wobei KL sie ermutigt, zu übertreiben. Vorspiel der Varianten im PL, die anderen TN achten darauf, welche der beiden Varianten die höfliche ist.
INTERKULTURELLER ASPEKT: In interkulturellen Kursen spielen TN einen Dialog in ihrer Muttersprache vor, die anderen TN entscheiden anhand der Intonation, welche Variante höflich/unhöflich ist. Ggf. sprechen sie noch darüber, wie man in ihrem Herkunftsland Höflichkeit/Unhöflichkeit ausdrückt.

3e	KL schreibt *st* und *sp* an. TN lesen und hören die Nachricht und achten auf die Aussprache der markierten Laute. KL erklärt TN anhand des Infokastens, wann man *st* und *sp* wie ausspricht.	CD: Track 2.37
3f	TN hören die Sätze und sprechen sie nach. Dann üben sie in PA.	CD: Track 2.38

Erläuterungen zum Unterricht		**Materialien**
4a	TN lesen die Stichworte, betrachten die Bilder und äußern Vermutungen, was zu welcher Person passt. Sie überfliegen die Texte und ordnen die Stichwörter den Personen zu. Um zu verdeutlichen, dass es hier um schnelles Überfliegen der Texte geht, kann KL auch eine Zeit vorgeben, z. B. eine Minute. Vergleich im PL: TN erklären, warum die Stichpunkte zu der jeweiligen Person passen. **Lösung:** Vera: Bulgarien, Hotelkauffrau, Kind; Diego: Spanien, Informatiker, Onkel	

BINNENDIFFERENZIERUNG: TN, die mehr Zeit fürs Lesen brauchen, konzentrieren sich auf einen Text / eine Person.

		Materialien
4b	KL schreibt *denn* an. TN lesen das Beispiel im Fokuskasten und suchen weitere Sätze mit *denn* in den Texten. Ein/e TN sammelt die Sätze auf Zuruf an der Tafel. KL klärt die Bedeutung: *denn* verbindet zwei Hauptsätze. Sätze mit *denn* antworten auf die Frage *warum* und geben einen Grund an. Festigung: ÜB 4b. **Lösung:** Die Arbeitszeiten sind ein Problem, denn manchmal muss ich nachts arbeiten. Die Arbeit ist interessant, denn ich muss viele verschiedene Probleme lösen. Aber ich möchte gerne in einer Softwarefirma arbeiten, denn das habe ich ja studiert.	
	ERWEITERUNG: TN schreiben einen weiteren *denn*-Satz auf. Sie spielen im PL: A sagt einen Satz, z. B. „Ich lerne Deutsch.", B ergänzt einen passenden *denn*-Satz, z. B. „Ich lerne Deutsch, denn ich möchte in Deutschland arbeiten." Dann sagt B einen neuen Satz, den C mit einem *denn*-Satz erweitert usw.	
	ERWEITERUNG: Wiederholung der Satzverbindungen *und*, *oder*, *aber* und *denn*. Jede Gruppe erhält einen zerschnittenen Text und bringt ihn in die richtige Reihenfolge.	KV
4c	PA: Jede/r TN bearbeitet eine Person und notiert Antworten zu den Fragen aus dem entsprechenden Text. Dann stellen TN „ihre" Person mündlich vor.	

Erläuterungen zum Unterricht		**Materialien**
5a	KL schreibt die temporalen Präpositionen *vor* und *seit* an. TN suchen Sätze mit *vor* und *seit* aus 4a und ergänzen den Fokuskasten. KL sammelt die Sätze an der Tafel und erklärt, mithilfe des Fokuskastens, die Bedeutung von *vor* und *seit*: *Vor* antwortet auf die Frage *wann* und drückt eine abgeschlossene Handlung in der Vergangenheit aus, daher steht der Satz in der Vergangenheit (d.h. auf A1 im Perfekt oder Präteritum). *Seit* antwortet auf die Fragen *seit wann* und *wie lange* und drückt eine Handlung aus, die in der Vergangenheit begonnen hat und noch andauert, der Satz steht daher im Präsens. Beide Präpositionen stehen mit Dativ. **Lösung:** Vor, Seit	
5b	TN lesen das Beispiel und schreiben Sätze mit *vor* und *seit* zu den Situationen. **Lösung:** Vor 2 Jahren hat sie die Schule beendet. Seit einem Jahr studiert sie Informatik. Vor einer Woche hat der Deutschkurs begonnen. Seit einer Woche lernt er Deutsch. Vor 3 Monaten hat sie eine Wohnung gesucht. Seit 4 Wochen wohnt sie in der Albertstraße.	
	BINNENDIFFERENZIERUNG: Langsamere TN wählen eine Situation aus und schreiben dazu Sätze. Schnellere TN erfinden eine weitere Situation.	
5c	TN lesen die Satzanfänge, Fortsetzungen und Beispiele. Sie üben in GA (3–5 TN): A sagt einen Satzanfang mit *seit* oder *vor*, B ergänzt den Satz und beginnt einen neuen, den C beendet usw. Der Redemittelkasten hilft.	
	BINNENDIFFERENZIERUNG: TN üben zunächst eine Runde nur mit *vor*, dann eine Runde nur mit *seit* und schließlich mit *vor* und *seit* gemischt. VARIANTE: Karten mit Zeitangaben und Karten mit Verben/Aktivitäten kommen jeweils auf einen Stapel: A zieht zwei Kärtchen und bildet damit einen Satz, dann macht B weiter usw.	Kärtchen
UND SIE?	TN schreiben Fragen mit *wann*, *seit wann* und *wie lange*, interviewen ihre/n Partner/in und notieren die Antworten auf einem Zettel. Die Zettel werden eingesammelt und neu verteilt. TN lesen die Zettel im PL vor, ohne den Namen der Person zu nennen, die anderen raten. Die betreffende Person macht weiter usw.	
	VARIANTE (PA): TN erhalten einen Fragebogen, wählen fünf Fragen, interviewen sich gegenseitig und notieren die Antworten. Dann weiter mit Ratespiel wie oben beschrieben.	KV

Erläuterungen zum Unterricht		**Materialien**
6a	KL erklärt die Bedeutung von *Stellenanzeige*. TN lesen die Anzeigen und entscheiden, bei welchen es sich um Stellenanzeigen handelt. Vergleich im PL. (Schlüsselwort „Wir suchen…") **Lösung:** Anzeigen B, C, D und E	
6b	TN lesen die Stellenanzeigen noch einmal und prüfen, welche für Diego passen. Vergleich im PL. **Lösung:** Anzeigen C, D	

6c	TN lesen die Sätze und ordnen die passenden Anzeigen zu. Im Anschluss bearbeiten sie ÜB 6a (Wortschatzarbeit). **Lösung:** 1. F, 2. A, 3. E, 4. B	
6d	Differenzierungsaufgabe: TN wählen, ob sie Informationen zu einer Stelle erbitten oder ein Angebot beim Hotel einholen. Dann wählen sie aus 1–6 die passenden Textbausteine aus und bringen sie in die richtige Reihenfolge. **Lösung:** Informationen zur Stelle erfragen: 4, 2, 3; ein Angebot erbitten: 1, 6, 5	
	VARIANTE (GA, 2–3 TN): TN erhalten die Textteile, ordnen sie den Themen zu und bringen sie in die richtige Reihenfolge.	Kopien, Schere
6e	Differenzierungsaufgabe: TN wählen, ob sie ein Partnerdiktat machen oder eine E-Mail schreiben. Partnerdiktat: Wenn möglich, gehen zwei TN zusammen, die in 6d unterschiedliche Themen gewählt haben. Sie diktieren sich gegenseitig die E-Mails und korrigieren sie mit ▶ **Partnerkorrektur** mithilfe der Vorlage. Alternativ ist auch ein ▶ **Laufdiktat** möglich. E-Mail: TN wählen eine Anzeige aus 6a und schreiben dazu eine E-Mail, bei der sie Informationen erbitten. Die E-Mails in 6d dienen als Modell.	
	ERWEITERUNG: TN suchen sich eine passende/interessante Stellenanzeige (Zeitung/Internet) und schreiben eine E-Mail, in der sie weitere Informationen zur Stelle erbitten. Die E-Mails gehen zur Korrektur an KL. KL kopiert die E-Mail und die Stellenanzeigen. GA (3–5 TN): TN erhalten 3–5 zusammenpassende Anzeigen und E-Mails und ordnen diese einander zu.	Zeitung/Internet, Kopien

Erläuterungen zum Unterricht	**Materialien**
7a	KL fragt „Wie kann man eine Arbeit finden?" und sammelt Ideen im PL. TN hören die Interviews und kreuzen an, wie Vera und Diego ihre Arbeit gefunden haben. **Lösung:** Vera: Anzeige; Diego: Freunde	CD: Track 2.39–40
7b	TN lesen die Sätze und klären ggf. unbekanntes Vokabular. Dann hören sie die Interviews noch einmal und entscheiden, welche Sätze richtig oder falsch sind. **Lösung:** 1. R, 2. F, 3. F, 4. R, 5. R, 6. R	CD: Track 2.39–40
7c	TN lesen alle Fragen und wählen dann 3–6 Fragen aus. PA: TN interviewen sich mit den ausgewählten Fragen und notieren sich die Antworten.	
	BINNENDIFFERENZIERUNG: Bei Bedarf schreibt KL zur Vorentlastung auf Zuruf Beispielantworten zu den Fragen an.	
7d	TN stellen ihre/n Interviewpartner/in anhand der Notizen aus 7c im Kurs vor, bei großen Gruppen in GA.	
VORHANG AUF	PA: TN wählen eine Situation und schreiben und spielen dazu einen Dialog.	Video K14
	BINNENDIFFERENZIERUNG: Schnelle TN spielen zu beiden Situationen Dialoge.	

Haltestelle G

Erläuterungen zum Unterricht	Materialien
1a TN nennen Ideen, wo man übernachten kann, betrachten die Bilder, lesen die Texte und ordnen sie zu. Die Ortsnamen helfen. Vergleich im PL. **Lösung:** 1E, 2B, 3C, 4D, 5A	
1b TN hören die Gespräche und ordnen die passenden Bilder aus 1a zu. **Lösung:** 1E, 2B, 3A, 4D, 5C	CD: Track 2.50–54
1c TN hören den ersten Bericht und sprechen darüber, wie die Reise war. Sie lesen die Stichwörter und das Beispiel, hören die Berichte, bei Bedarf zweimal, und machen sich dazu Notizen. Austausch in PA, dann Vergleich im PL.	CD: Track 2.50–54
1d GA: KL fragt TN, wo sie gerne übernachten und warum. TN lesen die Sprechblase und ein oder zwei weitere TN berichten im PL. Dann Austausch in GA (3–4 TN) und Bericht über Gemeinsamkeiten in der Gruppe im PL.	

Erläuterungen zum Unterricht	Materialien
2a TN ordnen die Wörter in GA in thematische Gruppen und entwerfen ein Plakat.	
2b PA: A nennt in 30 Sekunden so viele Wörter aus der Liste mit Artikel und Plural, wie er/sie schafft, B zählt. Dann umgekehrt.	
2c TN markieren die Verben in 2a und schreiben mit drei Verben Sätze im Perfekt.	

Erläuterungen zum Unterricht	Materialien
3a TN ordnen den Sätzen passende Antworten zu. **Lösung:** 2. b), d); 3. a), b), c); 4. c), d), e); 5. g); 6. f); 7. c)	
3b TN sprechen Dialoge im ▶ **Kugellager:** A sagt einen Satz, B reagiert usw.	
3c PA: TN wählen einen oder mehrere Sätze und erweitern die Dialoge mehrmals.	

Erläuterungen zum Testtraining	Materialien
1 TN lesen die Aussagen, hören und kreuzen richtig oder falsch an. **Lösung:** 1 Richtig, 2 Richtig, 3 Falsch, 4 Richtig	CD: Track 2.55–59

Erläuterungen zum Testtraining	Materialien
2a TN lesen und besprechen die Tipps und die Aufgabe im PL.	
2b TN ordnen Anrede und Grußformeln in die Tabelle ein. Vergleich im PL. **Lösung:** Sie: Sehr geehrter Herr Fechner, Sehr geehrte Damen und Herren, Mit freundlichen Grüßen, M. Launer, Viele Grüße, Emilia Rosenbaum Du: Hi, Beate!, Lieber Frank, Hallo Felix, Liebe Grüße, Anna, Bis bald! Mario	
2c TN lesen den Brief und markieren die Fehler. Vergleich in PA.	
2d TN schreiben den Brief aus 2c richtig. Vergleich im PL. **Lösung:** … meine Tochter ist leider krank. Sie muss eine Woche zu Hause bleiben. Ich kann nächste Woche nicht in den Deutschkurs kommen. Schicken Sie mir die Hausaufgaben, bitte? Viele Grüße, Gabriela Serpi	
2e TN bringen die Textteile in die richtige Reihenfolge. **Lösung:** 5, 2, 7, 1, 6, 3, 4	
VARIANTE (PA): TN bearbeiten den Brief als ▶ **Satzpuzzle.**	Kopien, Schere
2f TN lesen und besprechen die Aufgabe. Dann schreiben sie in EA einen Brief und kontrollieren ihn im Anschluss anhand der Tipps. ERWEITERUNG: TN korrigieren den Brief in ▶ **Partnerkorrektur.**	

15 Das kann man lernen!

Sprachhandlungen

Sprechen	sagen, was man kann; sagen, was man gelernt hat und was man noch lernen möchte*; Lerntipps geben
Hören	Gespräche im Deutschkurs verstehen
Schreiben	meine Lerngeschichte schreiben
Lesen	Lerngeschichten verstehen
Beruf	Lern- und Berufsbiografien*

Lerninhalte

Redemittel	Wann hast du Auto fahren gelernt?; Kannst du einen Computer reparieren?; Hast du keine Gitarre? Doch, ich habe eine Gitarre!; Als Kind habe ich Reiten gelernt, als Jugendliche …
Wortschatz	Aktivitäten/Fähigkeiten (*Auto fahren, stricken* etc.)
Grammatik	Antworten mit *ja*, *nein* und *doch*; Imperativ: ihr-Form
Aussprache	Hauptakzente; Frage und Aussage

Erläuterungen zum Unterricht	**Materialien**
1a TN beschreiben im PL, was die Personen auf den Cartoons machen. Dann lesen sie die Dialogteile und ordnen sie B–D zu. Im Anschluss bearbeiten sie ÜB 1. **Lösung:** B: 3+5, C: 6+8, D; 2+7	
VARIANTE/BINNENDIFFERENZIERUNG (PA): TN bearbeiten einen Cartoon und wählen, was sie machen: Wortschatz sammeln, Text schreiben, Dialog spielen o. Ä. Präsentation im PL, die anderen TN raten, welcher Cartoon passt. Dann weiter wie im KB.	
1b GA (3–4 TN): TN sprechen über das, was sie können.	

Erläuterungen zum Unterricht	**Materialien**
2a TN ordnen die Wörter den Bildern zu, KL macht darauf aufmerksam, dass vier Wörter übrig bleiben. Vergleich im PL. Zur Festigung: ÜB 2a+b. **Lösung:** A: laufen, B: Tischtennis, C: schreiben, D: rechnen, E: Auto fahren, F: ein Musikinstrument, G: nähen, H: Schach	
VARIANTE/BINNENDIFFERENZIERUNG: TN erhalten je einen Satz der Wort-Bild-Karten und ordnen in PA/GA die Wörter den Bildern zu (leichte Variante) oder erhalten zunächst nur die Bildkarten und ergänzen den Wortschatz frei, bevor sie die Wortkarten zuordnen (schwierigere Variante). ERWEITERUNG/SPIEL (GA, 3–4 TN): Als Wortschatztraining spielen TN mit den Wort-Bild-Karten ▶ **Memory**.	KV
2b TN lesen die Sätze und klären unbekannten Wortschatz. Dann hören sie die Interviews und kreuzen die richtige Lösung an. Vergleich im PL. **Lösung:** 1. b, 2. b, 3. b, 4. b	CD: Track 2.60
UND SIE? TN lesen die Redemittel und KL spielt einen Beispieldialog vor. TN interviewen sich in PA, machen Notizen und stellen je eine Aktivität im Kurs vor (z. B. „Anna hat schon mit 16 Autofahren gelernt und das hat Spaß gemacht, aber ich habe erst mit 25 meinen Führerschein gemacht und das war schwer.")	
BINNENDIFFERENZIERUNG: Zur Vorentlastung bearbeiten TN ÜB 2c. VARIANTE: KL schreibt so viele Aktivitäten, wie es TN gibt, auf Kärtchen. Jede/r TN erhält ein Kärtchen und interviewt dazu fünf TN (oder bei kleinen Gruppen auch alle TN). TN berichten im PL über die Antworten.	Kärtchen

	Erläuterungen zum Unterricht	Materialien
3a	TN betrachten die Bilder, lesen die Überschriften und äußern Vermutungen dazu, was in den Texten stehen könnte. Dann überfliegen TN die Texte und ordnen die Überschriften zu. Vergleich im PL, TN benennen Schlüsselwörter. **Lösung:** 1C, 2A, 3B	
3b	GA (3 TN): Jede/r TN wählt einen Text und schreibt drei Fragen dazu auf. Dann tauschen TN die Fragen untereinander aus und beantworten sie.	
	VARIANTE zu 3a+b (GA: 3 TN): KL kopiert Bilder, Überschriften und Texte und schneidet sie auseinander. Jede Gruppe erhält einen Satz und ordnet die Überschriften und Bilder den Texten zu. Jede/r TN erhält einen Text und schreibt dazu drei Fragen auf. TN tauschen und beantworten die Fragen. Die Gruppe, die die Fragen geschrieben hat, kontrolliert die Antworten. Bei Bedarf kurze Ergebnissicherung im PL.	Kopien der Fotos und Texte, Schere
	VARIANTE/BINNENDIFFERENZIERUNG zu 3a+b: KL legt je ein Foto auf einen Tisch / zeigt es am IAW und legt die entsprechenden Buchstaben (A, B, C) auf Tische. TN wählen das Foto, das sie am meisten anspricht, und setzen sich an den Tisch. Sie überfliegen die Texte, wählen den passenden und schreiben in GA 3–5 Fragen dazu. Sie tauschen die Fragen mit einer anderen Gruppe und schreiben mithilfe des passenden Textes Antworten. Die Gruppe, die die Fragen geschrieben hat, kontrolliert die Antworten.	
3c	Bei dieser Differenzierungsaufgabe werden die Possessivartikel wiederholt, die in den Kapiteln 3, 7 und 8 eingeführt wurden. Bei Bedarf können zur Bewusstmachung in den Texten in 3a die Possessivartikel markiert werden. TN wählen, ob sie die Personalpronomen und Possessivartikel nachsprechen oder mitsingen möchten. KL wiederholt die Endungen der Possessivartikel (m, f, n und N, A, D). TB: *Nominativ: der/das = mein/dein/…, die/die = meine/deine/…* *Akkusativ: den = meinen/deinen/…* Im Anschluss bearbeiten TN ÜB 3c+d.	CD: Track 2.61–62
UND SIE?	TN lesen das Beispiel, wählen eine oder mehrere Aktivitäten und schreiben, wo man einzelne Dinge in ihrem Heimatland normalerweise lernt.	
	ERWEITERUNG (Inland/GA: 3–4 TN, gemischte Gruppen): KL kopiert die Bildkärtchen und zerschneidet sie, jede Gruppe erhält einen Satz. A zieht eine Karte und berichtet, wo man die Aktivität in seinem/ihrem Heimatland lernt, die anderen ergänzen, wie es bei ihnen ist. B macht weiter usw.	Kopien, Schere

	Erläuterungen zum Unterricht	Materialien
4a	TN besprechen, was die Personen auf den Fotos machen, lesen die Aktivitäten und klären den Wortschatz. Sie hören die Gespräche und kreuzen an. Vergleich in PA. **Lösung:** 2., 1., 4., 9., 7.	CD: Track 2.63
4b	TN lesen die Namen, hören die Gespräche noch einmal, notieren die Aktivitäten zu den Personen und schreiben damit Sätze mit *können*. **Lösung:** Maria kann Auto fahren und Inlineskates fahren. Ben kann Gitarre spielen und malen. Dana kann Sushi machen.	CD: Track 2.63
	BINNENDIFFERENZIERUNG: TN wählen, ob sie eine oder alle Personen bearbeiten.	
4c	Bei dieser Differenzierungsaufgabe berichten TN, was sie gut können. Plakat (GA): TN sprechen darüber, was sie gut können (Redemittel s. Sprechblasen) und halten die Ergebnisse auf einem Plakat fest, in der Form wie im KB oder sie wählen eine andere Art der Präsentation. Schreiben: TN schreiben darüber, was sie gut / nicht so gut können und was sie noch lernen möchten, die Redemittel im KB dienen als Gerüst. Vorentlastung (bei Bedarf): ÜB 4.	
UND SIE?	KL erklärt die Aufgabe anhand der Beispiele und fragt: „Und was suchen Sie?" TN schreiben auf einen Zettel, was sie suchen bzw. wobei sie Hilfe benötigen, und lassen Platz für eine Antwort. TN lesen die Zettel im PL vor und legen sie auf einen Tisch. Dann wählen TN sich solche Zettel aus, bei denen sie ihre Hilfe anbieten können, und schreiben eine Antwort. Danach nehmen TN ihre Zettel wieder an sich und berichten, was sie suchen und wer ihnen dabei hilft.	Zettel

VARIANTE: TN schreiben ihre Anliegen oben auf Zettel und hängen sie (mit ausreichendem Abstand) an die Wand. TN lesen die Zettel und bieten, wo sie können, schriftlich ihre Hilfe an. Zum Abschluss stellt sich jede/r TN zu seinem/ihrem Zettel und berichtet, wer ihm/ihr wobei hilft.

Erläuterungen zum Unterricht	**Materialien**
5a KL fragt: „Was machen Eleni und Dana am Freitag?" TN äußern Vermutungen, dann lesen sie den Skype-Dialog und beantworten die Frage. **Lösung:** Eleni und Dana singen am Freitag im Chor.	
VARIANTE (PA/GA): KL kopiert und zerschneidet den Dialog, jedes Paar erhält einen Satz. TN ordnen die Teile und beantworten dann die Frage.	Kopien, Schere
5b KL schreibt *ja, nein* und *doch* an. TN ergänzen mithilfe des Dialogs die Sätze. TN äußern Vermutungen, wann man *doch* sagt. Sie lesen die Infobox und KL erklärt bei Bedarf Bedeutung und Verwendung anhand der Beispielsätze. **Lösung:** 1. a Ja, b Nein; 2. a Doch, b Nein; 3. a Doch, b Nein	
ERWEITERUNG/BINNENDIFFERENZIERUNG: TN bearbeiten ÜB 5b und lesen die Dialoge zur Kontrolle in PA, dann im PL vor. Schnelle TN schreiben einen weiteren Dialog.	
5c KL schreibt den ersten Satz an, liest ihn mit übertriebener Betonung vor, fragt, wo der Hauptakzent ist, und markiert ihn. Dann hören TN alle Sätze und markieren den Hauptakzent. **Lösung:** 1. Auto / Nein, kein; 2. nicht / Doch, kann; 3. Fahrrad / Ja, kann; 4. nicht / Nein, nicht	CD: Track 2.64
5d TN kontrollieren die Lösungen im PL: Je ein TN liest einen Satz mit Betonung auf dem Hauptakzent vor und benennt die Wörter, auf denen der Akzent liegt. Dann hören TN die Sätze noch einmal und sprechen sie mit. KL fragt, wo bei den negativen Fragen der Hauptakzent liegt (auf *nicht* oder *kein*). **Lösung:** siehe 5c	CD: Track 2.64
ERWEITERUNG: TN üben die Sätze in PA als ▶ Oo-Sätze.	
5e Bei dieser Differenzierungsaufgabe schreiben die TN Satzfragen auf Zettel. Sie wählen, ob sie nur positive Fragen schreiben (leicht) oder positive und negative Fragen (schwieriger). PA: TN mischen ihre Zettel, legen sie auf einen Stapel und spielen: A zieht eine Frage und stellt sie, B wirft eine Münze und antwortet (negativ bei Zahl, positiv bei Kopf). Dann stellt B eine Frage usw.	Zettel oder Kärtchen, Münzen

Erläuterungen zum Unterricht	**Materialien**
6a KL zeigt die Bilder und fragt: „Wie kann man Deutsch lernen?" TN nennen Ideen im PL, ein TN schreibt Ideen als ▶ Wortigel an. TN lesen den Text und tragen bei Bildern, die zu Maria passen, ein M ein. Vergleich in PA, im PL benennen TN die passenden Textstellen. **Lösung:** C, B, A	
6b TN hören das Gespräch und schreiben die passenden Buchstaben (E für Eleni und B für Ben) zu den Bildern. Vergleich im PL. **Lösung:** Eleni: C, B, A; Ben: D, E, C	CD: Track 2.65
BINNENDIFFERENZIERUNG: TN, denen das HV schwerfällt, konzentrieren sich auf eine Person. TN, denen das HV leichtfällt, notieren nicht nur die Buchstaben zu den Bildern, sondern machen sich darüber hinaus weitere Notizen dazu, wie die Personen lernen, und berichten im PL.	
6c TN ergänzen die Sätze im Fokuskasten mithilfe der Wörter im Text aus 6a. KL fragt TN nach der Bedeutung (Aufforderung) und erklärt mithilfe des Fokuskastens, wie der Imperativ in der 2. Person Plural gebildet wird (*ihr* fällt weg, das Verb kommt auf Position 1). Zur Wiederholung ergänzt KL auch die Imperativformen in der 2. P. Sg. und in der 3. P. Pl. TB: *du sprichst* *Sprich bitte Deutsch mit mir!* *ihr sprecht* *Sprecht bitte Deutsch mit mir!* *Sie sprechen* *Sprechen Sie bitte Deutsch mit mir!* **Lösung:** Korrigiert, Seht … an	

6d	TN schreiben die Sätze in EA. Vergleich im PL. **Lösung:** 2. Macht Lernplakate! 3. Sprecht Deutsch bei der Arbeit! 4. Sprecht die Wörter laut! 5. Hört deutsche Lieder! 6. Lernt Liedtexte auswendig!	
UND SIE?	KL schreibt die Fertigkeiten *Lesen*, *Schreiben*, *Hören* und *Sprechen* je auf ein Plakat. TN wählen eine Fertigkeit, gehen zu dem passenden Plakat und erstellen in GA ein Poster mit Lerntipps. Nach zehn Minuten geben die Gruppen ihr Plakat an die nächste Gruppe weiter, die weitere Tipps ergänzt. Nach fünf Minuten geht das Plakat wieder an die nächste Gruppe usw., bis jede Gruppe alle Fertigkeiten bearbeitet hat. Die Lernplakate werden aufgehängt, TN gehen herum und lesen, was die anderen ergänzt haben.	Plakate, Stifte Pinnwand
	ERWEITERUNG/BINNENDIFFERENZIERUNG: TN wählen einen Tipp aus, den sie ausprobieren möchten. Sie berichten später, wie die Methode geklappt hat. VARIANTE (PA): TN schreiben zu den vier Fertigkeit Lerntipps auf je ein Kärtchen. KL hängt die Fertigkeit als Überschriften an eine Pinnwand. TN hängen ihre Kärtchen zu den Fertigkeiten. Ein TN als Moderator passt auf, dass die Tipps zu den Fertigkeiten passen und nicht doppelt vorkommen. Anschließend präsentiert je ein TN die Tipps zu einer Fertigkeit im PL.	Kärtchen

Erläuterungen zum Unterricht		**Materialien**
7a	KL teilt den Kurs in zwei Hälften: A und B. TN lesen den entsprechenden Text in EA und markieren die wichtigsten Informationen. Was sie am wichtigsten finden, entscheiden sie dabei selbst.	
7b	PA: Je ein/e TN mit Text A und Text B setzen sich zusammen und stellen sich gegenseitig anhand ihrer Markierungen die Person aus dem Text vor.	
7c	TN markieren Zeitangaben in den Texten. KL oder ein/e TN schreiben diese auf Zuruf an. Dann wählen TN fünf Zeitangaben aus und schreiben damit einen Text über sich selbst.	
VORHANG AUF	EA: TN schreiben fünf Dinge, die sie gelernt haben, auf Zettel. PA: Der/Die Partner/in rät, was der/die andere wann gelernt hat und ordnet die Zettel chronologisch. TN erzählen einem anderen Paar, was ihr/e Partner/in wann gelernt hat.	Video K15 Zettel
	VARIANTE: TN schreiben die Zeitangaben auf Kärtchen oder erhalten Kärtchen der KV. PA/GA: TN legen die Kärtchen auf einen Stapel und spielen: A zieht ein Kärtchen und fragt B, was er/sie zu der Zeit gemacht hat, B zieht das nächste Kärtchen und fragt C usw.	KV

16 Glücksmomente

Sprachhandlungen

Sprechen	Gefallen und Missfallen äußern*; Einkaufsgespräche führen; erzählen, was einen glücklich macht
Hören	Gesprächen auf dem Volksfest wichtige Informationen entnehmen
Schreiben	Komplimente machen*; einen Dankesbrief schreiben; einen Text über das Thema „Glück" schreiben
Lesen	einen Dankesbrief verstehen; persönliche Aussagen über Glück verstehen

Lerninhalte

Redemittel	Ich finde Volksfeste fantastisch!; Ich habe einen Gartenzwerg gewonnen.; Hast du etwas gekauft? Nein, ich habe nichts gekauft.; Welchen Apfel möchten Sie? Den da.; Das Foto ist für meine Tochter.; Du hast mir geholfen, ich danke dir.; Das macht mich glücklich.
Wortschatz	Komplimente; auf dem Volksfest
Grammatik	Fragewort *welch-* und Demonstrativartikel; Präposition *für*
Aussprache	*b*, *d*, *g* und *p*, *t*, *k*; Silben

	Erläuterungen zum Unterricht	**Materialien**
1a	TN betrachten die Fotos. KL fragt „Wo sind Eleni und Pablo?", schreibt *Volksfest* an und sammelt auf Zuruf weiteren Wortschatz zum Thema. TN lesen die Bildunterschriften und klären unbekannten Wortschatz anhand der Fotos. Dann fragt KL: „Was möchte Eleni auf dem Volksfest machen?" TN hören den Dialog und kreuzen die passenden Sätze an. Vergleich im PL. KL weist darauf hin, dass es in D-A-CH regional unterschiedliche Bezeichnungen für Volksfeste gibt und fragt TN, welche Volksfeste sie im Kursort und in der Umgebung kennen. **Lösung:** 2 und 4	CD: Track 2.71
	ERWEITERUNG/BINNENDIFFERENZIERUNG: TN wählen ein Foto und beschreiben es. Dabei wählen sie, ob sie Wortschatz sammeln, Sätze oder einen Dialog schreiben. Präsentation im PL. Dann weiter wie im KB.	
1b	TN lesen die Wörter, hören noch einmal und ordnen sie den Personen zu. **Lösung:** Eleni: toll, fantastisch, (zu schnell), macht Spaß, nicht teuer; Pablo: (toll), zu hoch, zu schnell	CD: Track 2.71
1c	KL fragt: „Mögen Sie Volksfeste?" TN lesen die Redemittel, tauschen sich in PA aus und berichten im PL.	
	INTERKULTURELLER ASPEKT (GA/PL): TN berichten, wie Volksfeste in ihrem Heimatland gefeiert werden.	

	Erläuterungen zum Unterricht	**Materialien**
2a	TN betrachten die Fotos und lesen die Bildunterschriften. KL fragt: „Wo sind Eleni und Pablo jetzt?" TN hören das Gespräch und kreuzen an. Vergleich im PL. **Lösung:** A	CD: Track 2.72
2b	KL klärt die Bedeutung von *Los, Losbude, gewonnen* und *verloren*. Dann lesen TN die Sätze, hören das Gespräch und kreuzen an. **Lösung:** 1. a, 2. b, 3. b , 4. a, 5. a	CD: Track 2.73
2c	KL schreibt die unbestimmten Pronomen *alles, etwas, nichts* an und fragt: „Was haben die Personen gewonnen?" TN betrachten die Bilder und ergänzen *alles, etwas* oder *nichts*. Vergleich im PL. KL oder TN erklären die Bedeutung bei Bedarf anhand weiterer Beispiele. Zur Verständnissicherung bearbeiten TN ÜB 2a, schnellere TN bearbeiten auch ÜB 2b. **Lösung:** nichts, etwas, alles	
2d	TN spielen eine Verlosung im Kurs: Jeder schreibt fünf Lose auf Zettel, davon vier Nieten und einen Gewinn. Dann sammelt ein/e TN die Zettel ein und jede/r TN zieht fünf Lose. TN berichten im PL, ob sie etwas und was sie gewonnen haben.	Zettel, Gewinne

VARIANTE: TN verlosen Realien wie Bonbons, Gutscheine für Hausaufgaben etc.
VARIANTE: TN organisieren eine Tombola im Kurs. Sie bringen Dinge mit, die sie nicht mehr brauchen. Diese kommen auf einen Tisch, werden nummeriert und für jede Nummer gibt es ein Los und zwei Nieten. Jede/r zieht drei Lose. Ein/e TN liest die Nummern auf den Gegenständen vor und überreicht sie den Gewinnern. TN berichten im PL, wie die Tombola für sie gelaufen ist.

2e	Fragerunde: TN lesen das Beispiel in den Sprechblasen, dann stellt KL eine weitere Frage, ein/e TN antwortet, stellt die nächste Frage usw. ERWEITERUNG: Zur Vorentlastung schreiben TN eine Frage mit „Hast du etwas …" auf. KL regt sie dazu an, andere Verben als im KB vorgegeben zu benutzen.

Erläuterungen zum Unterricht	**Materialien**
3a TN überlegen, was auf den Bildern dargestellt ist. Sie hören das Gespräch und kreuzen an. Vergleich im PL. KL schreibt die Wörter an. **Lösung:** D, B, C	CD: Track 2.74
3b TN lesen die Dialoge, ordnen die Antworten zu und hören zur Kontrolle. Dann lesen sie die Dialoge in PA. **Lösung:** 1. b, 2. a, 3. c	CD: Track 2.75–77
3c TN lesen den Fokuskasten und ergänzen die Antworten mit den Frageartikeln *welcher, welches, welche* und die Antworten mit den Demonstrativartikeln *der, das, die*. Dabei nehmen sie die Dialoge aus 3b zu Hilfe. KL zeigt die Tabelle am IAW / schreibt sie an die Tafel und TN ergänzen sie. KL erklärt durch Markieren, dass der letzte Buchstabe von *welch-* mit dem letzten Buchstaben des passenden Artikels übereinstimmt (Markierung: Maskulinum – blau, Neutrum – grün, Femininum – rot). KL erläutert, dass eine Frage mit *welch-* nach einer Entscheidung zwischen mehreren Möglichkeiten fragt und dass man den Demonstrativartikel nur dann verwendet, wenn man dabei auf das Bezeichnete zeigt. Zur Verständnissicherung und Festigung: ÜB 3a+b. **Lösung:** Welches, das; Welchen, den; Welche, die	
3d KL fragt „Was kann man auf dem Volksfest noch essen?" und sammelt auf Zuruf Wortschatz an Tafel/IAW. Dann wählen TN in PA Speisen (Paarbildung: ein/e TN zeichnet gerne, ein/e TN zeichnet nicht gerne), zeichnen eines oder mehrere Bilderpaare auf Kärtchen, d. h. sie zeichnen von einer Sache zwei Varianten (z. B. Eis am Stiel / Eis im Becher) und schreiben einen Preis dazu. Dann spielen sie in PA: A legt ein Bilderpaar hin und fragt B: „Welches … (z. B. Eis) möchtest du?" B antwortet und A nennt den Preis, dann macht B mit einem Bilderpaar weiter usw. VARIANTE: TN erhalten Kärtchen mit Bilderpaaren und spielen dann damit in PA wie oben.	Kärtchen KV
UND SIE? TN lesen die Redemittel und schreiben drei bis sechs Texte für Lebkuchenherzen auf Zettel oder Herzformen, die KL verteilt. PA: TN legen die Kärtchen auf den Tisch, wählen Kärtchen aus, führen Mini-Verkaufsgespräche und sagen dann im PL, für wen sie welches Herz gekauft haben.	

Erläuterungen zum Unterricht	**Materialien**
4a KL zeigt das erste Bild und fragt: „Wie finden Sie den Gartenzwerg?" TN kommentieren, lesen die Redemittel und sprechen in PA über die weiteren Bilder.	
4b KL erinnert daran, dass Pablo einen Gartenzwerg gewonnen hat, und fragt, was Pablo mit dem Gartenzwerg macht. TN äußern Vermutungen. KL schreibt: „Für wen ist der Gartenzwerg?" TN lesen die Personen, hören das Gespräch und kreuzen die richtige Person an. Anschließend erklärt KL anhand des Grammatikkastens, dass *für* mit Akkusativ steht. **Lösung:** für eine Nachbarin	CD: Track 2.78

4c	Zur Vorentlastung von 4c bearbeiten TN ggf. ÜB 4c.	
	PA/GA: Bei dieser Differenzierungsaufgabe wählen TN zwischen einem Kartenspiel und einem Ratespiel.	
	Kartenspiel: TN schreiben Personen und Dinge auf Kärtchen, die sie auf je einen Stapel legen. Sie ziehen eine Person und ein Ding und bilden damit einen Satz mit *für* wie im Beispiel. A beginnt, dann macht B weiter usw.	
	Ratespiel: TN schreiben Geschenke auf Kärtchen und auf die Rückseite die Empfänger. A zeigt ein Kärtchen, deckt aber nur die Geschenkseite auf, und B rät, so wie vorgegeben, für wen das Geschenk ist. Dann macht B mit dem nächsten weiter usw.	
	ERWEITERUNG/SPIEL: TN spielen ▶ **Wichteln**, entweder fiktiv oder mit Dingen von zu Hause, die sie nicht mehr brauchen.	

Erläuterungen zum Unterricht		**Materialien**
5a	TN lesen die Textteile und bringen den Brief in die richtige Reihenfolge. **Lösung:** 3., 1., 4., 2.	
	VARIANTE (in PA): KL kopiert und zerschneidet die Textteile. Jedes Paar erhält einen Satz und bringt sie in die richtige Reihenfolge.	Kopie, Schere
5b	KL schreibt *Du hast mir schon oft geholfen.*, markiert *mir* und fragt, was das ist (Personalpronomen im Dativ). Dann markiert KL das Verb (*hast … geholfen*). TN lesen die Mail noch einmal, markieren alle Verben mit Dativ und sammeln sie an Tafel/IAW. KL erklärt, dass diese Verben immer mit Dativ stehen, was man beim Wörterlernen beachten muss. Dann schreiben TN die Verben auf Kärtchen und auf die Rückseite die Beispielsätze aus der E-Mail. **Lösung:** helfen, danken, gehören, gefallen	
	ERWEITERUNG: Bei Bedarf wiederholt KL die Personalpronomen im Dativ. Im Anschluss bearbeiten TN ÜB 5b und 5e.	
5c	KL bespricht mit TN den Cartoon. Dann lesen TN die E-Mail und ergänzen die passenden Verben aus 5b. Im Anschluss bearbeiten TN ÜB 5d (Singular oder Plural). **Lösung:** geholfen, danke, gefällt	
5d	KL schreibt *b, d, g* und *p, t, k* an und spricht die Laute übertrieben weich und hart vor. Dann hören TN die Wörter und sprechen sie nach.	CD: Track 2.79
5e	TN hören die Wortpaare und sprechen sie nach. KL erklärt am Beispiel, dass *b, d, g* am Wort- und Silbenende wie *p, t, k* ausgesprochen werden.	CD: Track 2.80
UND SIE?	Bei dieser Differenzierungsaufgabe wählen TN, ob sie einen informellen oder formellen Brief schreiben.	
	VARIANTE/BINNENDIFFERENZIERUNG: TN schreiben den Brief zu einer Situation ihrer Wahl oder bearbeiten alternativ ÜB 5c oder TN ziehen eine bzw. zwei Karten aus 4c und schreiben dazu einen passenden Dankesbrief.	

Erläuterungen zum Unterricht		**Materialien**
6a	KL fragt: „Was macht glücklich?" TN sammeln in PA. KL schreibt *Das macht glücklich.* an. Auf Zuruf erstellt KL oder ein/e TN einen ▶ **Wortigel** an Tafel/IAW. Dann hören TN die Geräusche, notieren sich weitere Punkte und ergänzen im PL den Wortigel. **Lösungsvorschlag:** 1. Radio, 2. Party, 3. Natur, 4. Baby, 5. Motorrad, 6. Kaffee, 7. Baden, 8. Jahrmarkt, 9. Schlafen	CD: Track 2.81 Plakate, Stifte
6b	TN lesen Text A im PL und ordnen die passende Sprechblase zu. KL gibt den Tipp, mit den einfachen Lösungen anzufangen und die schwierigeren Sätze erst am Ende zuzuordnen, da die Zuordnung leichter wird, wenn die Auswahl kleiner ist. Den Rest ordnen TN in EA zu. Vergleich der Lösungen in PA, dann im PL, dabei werden Wortschatzfragen geklärt. **Lösung:** A7, B3, C4, D5, E1, F2, G8, H6	

ERWEITERUNG: TN erhalten nur die Fotos und überlegen und sammeln Ideen, was die Person glücklich macht. Präsentation im PL. Dann weiter wie im KB. Alternativ PA: Jedes Paar wählt ein Foto und sammelt Ideen dazu, was die Person glücklich macht. Präsentation im PL. Dann weiter wie im KB. | Kopien, Schere

BINNENDIFFERENZIERUNG (leichtere Variante für langsam Lesende): KL kopiert die Texte und Sprechblasen, zerschneidet sie und reduziert die Auswahl auf drei bis vier Items. TN ordnen in PA zu.

VARIANTE: KL kopiert Texte und Sprechblasen und zerschneidet sie. Die Hälfte des Kurses erhält je einen Text, die andere Hälfte je eine Sprechblase. TN gehen herum und suchen die Person mit dem passenden Text / der passenden Sprechblase.

Erläuterungen zum Unterricht	**Materialien**
UND SIE? EA: TN notieren, was sie glücklich macht, was sie mögen oder toll finden. PA: TN lesen den Redemittelkasten und sprechen über die Dinge, die sie in a notiert haben: A berichtet, B kommentiert und stellt Rückfragen, dann umgekehrt. Dann arbeiten je zwei Paare zusammen, jedes Paar berichtet über Gemeinsamkeiten und Unterschiede.	
VARIANTE: TN erhalten Plakate und Stifte und erstellen einen ▸ **Wortigel** oder ein ▸ **Wortbild** (z. B. ein ▸ **Wordle**) in GA. Präsentation im PL.	Plakat, Stifte
ERWEITERUNG/VIDEOPROJEKT (GA, 4 TN): TN erstellen ein kurzes Video (z. B. auf dem Smartphone), in dem sie berichten, was sie glücklich macht. Präsentation im PL oder online.	
VORHANG AUF TN äußern Vermutungen zu den Situationen. Sie lesen die Texte und wählen, ob sie bei dieser Differenzierungsaufgabe einen Text zu ihrem Privatleben oder zu ihrem Beruf schreiben. Alternativ können sie auch ein ▸ **Elfchen** schreiben. Dann sammelt ein/e TN die Texte ein und teilt sie wieder aus, sodass jede/r einen anderen Text hat. TN lesen die Texte vor, ohne die Namen der Verfasser zu nennen. Die anderen raten.	Video K16 KV
VARIANTE (große Gruppen): Bevor die Texte im PL vorgelesen werden, setzen sich vier TN zusammen und einigen sich auf einen Text, den sie vorlesen.	

Haltestelle H

	Erläuterungen zum Unterricht	Materialien

1–8 In Form von acht Stationen wird hier spielerisch der Stoff von Linie 1, Teil 2 wiederholt. Jede Station hat eine Aufgabe a und eine Erweiterungsaufgabe b. B ist optional, sodass TN je nach Arbeitstempo und Interesse wählen können, ob sie nur a oder auch b bearbeiten oder auch alternativ nur Aufgabe b. TN erarbeiten die Stationen als ▶ **Lernstationen** und gehen in Gruppen (4 TN) von Station zu Station. Die Gruppen splitten sich bei manchen Aktivitäten in zwei Paare auf.

1a PA/GA: TN sammeln Wortschatz zu den Bildern.   *Plakat*

1b PA: TN wählen ein Bild oder mehrere Bilder und schreiben dazu Dialoge.

2a TN schreiben Kärtchen mit Verben und Uhrzeiten und legen diese je auf einen Stapel. Dann spielen sie in PA: A zieht von jedem Stapel ein Kärtchen, bildet damit einen Satz, dann macht B weiter usw.

2b TN wählen einen anderen Wochentag, z. B. Samstag oder Sonntag, und spielen wie in 2a.

VARIANTE: TN fragen sich gegenseitig, was sie gestern gemacht haben: A zieht ein Uhrzeitkärtchen und fragt B, was er/sie gestern um diese Uhrzeit gemacht hat. B antwortet, zieht dann wieder ein Zeitkärtchen usw.

3a PA: TN lesen die Einladung und wählen eine der vorgeschlagenen Reaktionen.

3b PA: TN wählen, ob sie sich gegenseitig die Einladung diktieren oder eine Einladung mit den vorgegebenen Stichpunkten schreiben.

4a GA: TN erstellen mit den vorgegebenen Wörtern Memory-Karten und spielen dann damit ▶ **Memory**.   *Kärtchen*

4b GA: TN erstellen Memory-Karten zu einem weiteren Thema und spielen damit.   *Kärtchen*

5a TN hören den Dialog und notieren die fehlenden Informationen.   *CD: Track 2.96*
Lösung: (2) heute, (3) um 11 Uhr, (4) Mein Knie; (5) um 16 Uhr, (6) vor zwei Monaten, (7) später

VARIANTE: TN ordnen die Informationen erst zu und hören dann zur Kontrolle.

5b PA: TN lesen den Dialog und/oder variieren ihn.

6a TN erstellen ein ▶ **Domino** mit den vorgegebenen Satzteilen und spielen damit.   *Kärtchen*

6b TN erstellen ein ▶ **Domino** zu einem anderen Thema und spielen damit.   *Kärtchen*

7a GA: TN berichten darüber, wie sie Deutsch lernen. Dann sammeln sie Lerntipps auf Karten und sammeln im Kurs, z. B. in Form einer ▶ **Hitparade**.

7b TN schreiben drei Dinge auf, die sie lernen möchten, und schreiben dazu drei Sätze.

8a TN ergänzen in EA die Mindmap, sprechen dann in GA darüber, was sie glücklich macht, und erstellen eine Gruppen-Mindmap.

8b TN erstellen eine Mindmap zu einem weiteren Thema.

	Erläuterungen zum Testtraining	Materialien

1 TN lesen das Beispiel und besprechen die Schlüsselwörter für die Lösung. Dann lesen TN die Sätze und entscheiden, welche Anzeige dazu passt: a oder b. Vergleich im PL.
Lösung: 1a, 2b, 3b, 4a, 5b

	Erläuterungen zum Testtraining	Materialien

2 TN ordnen die Tipps zur Prüfungsvorbereitung den Bildern zu. Dann lesen sie die Tipps „Während der Prüfung" und besprechen sie im Kurs.
Lösung: D, E, B, C, A

ERWEITERUNG: TN sprechen in PA darüber, wie sie sich auf die Prüfung vorbereiten. Anschließend werden weitere Tipps im PL gesammelt.

Kopiervorlage zu Kapitel 1, Aufgabe 2c

Tageszeiten

Kopiervorlage zu Kapitel 1, Aufgabe 7, UND SIE?

Steckbrief

Name:	Name:	Name:
Heimatland:	Heimatland:	Heimatland:
Wohnort:	Wohnort:	Wohnort:

Kopiervorlage zu Kapitel 1, Aufgabe 9c

aus Polen	Dana	kommt	.
Ihr Familienname	ist	Wie	?
wohnst	Wo	du	?
wohne	Ich	in Deutschland	.
kommen	Woher	Sie	?
heiße	Helge	Ich	.

Kopiervorlage zu Kapitel 2, Aufgabe 2f

Bingo

Kontrollblatt

1	2	3	4	5	6	7	8	9	10
11	12	13	14	15	16	17	18	19	20
21	22	23	24	25	26	27	28	29	30
31	32	33	34	35	36	37	38	39	40
41	42	43	44	45	46	47	48	49	50
51	52	53	54	55	56	57	58	59	60
61	62	63	64	65	66	67	68	69	70
71	72	73	74	75	76	77	78	79	80
81	82	83	84	85	86	87	88	89	90
91	92	93	94	95	96	97	98	99	100

Bingo-Blatt

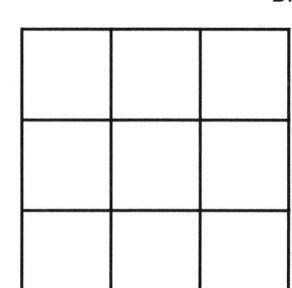 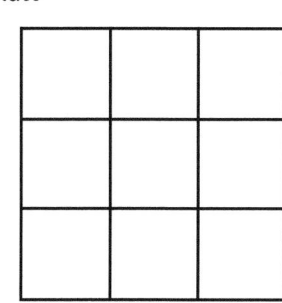 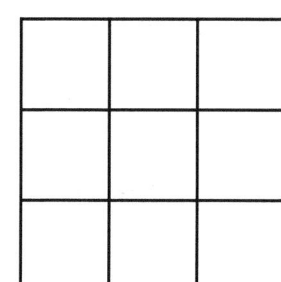

Bingo-Blatt

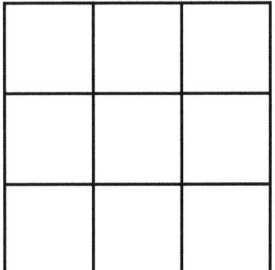 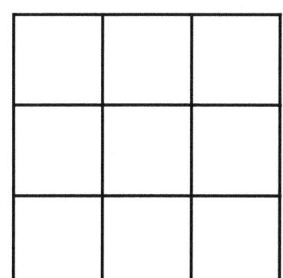 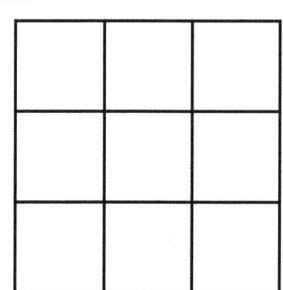

Kopiervorlage zu Kapitel 2, Aufgabe 7b

Textpuzzle

Mein Name

ist Dana. Ich komme

aus Polen. Ich bin

Polin und spreche

Polnisch und ein bisschen Deutsch. Nesrin ist

meine Freundin. Sie kommt

aus der Türkei. Sie arbeitet

als Verkäuferin. Sie spricht

schon gut Deutsch. Das sind

Anna und Michael. Sie kommen

aus Deutschland und arbeiten

bei der Firma Meyer & Sohn.

Kopiervorlage zu Kapitel 3, Aufgabe 2b

Das Wörterbuch benutzen: Artikel – *der, das, die?*

Im Wörterbuch steht der Artikel so:

| **Laptop** *der*; -s, -s; ein kleiner Computer in einer Art Koffer, den man besonders auf Reisen benutzt | **Heft** *das*; -(e)s, -e; 1 eine Art dünnes Buch mit mehreren leeren Blättern, die durch Fäden zusammengehalten werden | **Brille** *die*; -, -n; geschliffene Gläser, die man in einem Gestell auf der Nase trägt und die einem helfen, besser zu sehen |

Oder so:

| **Laptop** m (-s, -s)… | **Heft** n (-(e)s, -e)… | **Brille** f (-, -n)… |

Oder so:

| -r **Laptop** (-s, -s)… | -s **Heft** (-(e)s, -e)… | -e **Brille** (-, -n)… |

| der = m = Maskulinum = -r | das = n = Neutrum = -s | die = f = Femininum = -e |

Suchen Sie die Wörter im Wörterbuch und finden Sie den Artikel:

Wort   ~~Dialog~~   Tabelle   Kurs   Foto   Stadt   Name

Land   Person   Rhythmus   Formular   Firma   Text   Adresse

Telefon   Straße   Ort   Bild   Zahl   Chef   Problem

der (m/-r)	das (n/-s)	die (f/-e)
Dialog		

Kopiervorlage zu Kapitel 3, Aufgabe 3b

Artikeldomino

Tasche	das	Kuli	die
Heft	die	Lampe	der
Schere	das	Bleistift	die
Handy	die	Brille	der
Tasse	der	Laptop	die
Stuhl	das	Maus	das
Poster	der	Fenster	der
Spitzer	das	Tisch	das
Tablet	der	Buch	die

Kopiervorlage zu Kapitel 4, Aufgabe 3d

Speisekarten: Preise erfragen

Preisliste A

Getränke

Kaffee	1,80 €
Tee	.... €
Wasser	1,50 €
Cola	1,90 €
Fanta	.... €
Saft	.... €

Speisen

Kuchen	.... €
Brötchen	2,20 €
Minipizzas	.... €
Brezeln	1,10 €

Preisliste B

Getränke

Kaffee	.... €
Tee	1,60 €
Wasser	.... €
Cola	.... €
Fanta	1,90 €
Saft	2,00 €

Speisen

Kuchen	2,40 €
Brötchen	.... €
Minipizzas	2,20 €
Brezeln	.... €

> Wie viel kostet der Kaffee / das Wasser / die Cola?
> Wie viel kosten die Brezeln?

> Der Kaffee / das Wasser / die Cola kostet ...
> Die Brezeln kosten ...

Kopiervorlage zu Kapitel 4, Aufgabe 7e

Das Wörterbuch benutzen: Plural – ¨e, -(e)n, ¨er, -s, ¨?

Im Wörterbuch steht die Pluralendung so:

Tisch *m* (-(e)s, -e) …	Bild *n* (-(e)s, -er) …	Lampe *f* (-, -n)

Suchen Sie die Wörter im Wörterbuch und finden Sie die Pluralform:

Heft   Fahrrad   Stadt   Name   Chef   Tabelle   Straße

~~Lampe~~   ~~Spitzer~~   Büro   Land   Handy   Stuhl

Kurs   Poster   Zahl   ~~Telefon~~   Auto   ~~Laptop~~   Fenster

Buch   ~~Bild~~   Wort   Brötchen

¨e	(e)n	¨er	-s	¨
Telefone	Lampen	Bilder	Laptops	Spitzer

Kopiervorlage zu Kapitel 5, Aufgabe 2e

Uhrzeiten

Kopiervorlage zu Kapitel 5, Aufgabe 5d

Wort-Bild-Memory

schlafen	frühstücken	Sport machen	kochen
spazieren gehen	ein Buch lesen	telefonieren	duschen
Wäsche waschen	einen Kuchen backen	einen Film sehen	eine E-Mail schreiben

Kopiervorlage zu Kapitel 6, Aufgabe 4c

Lückendiktat

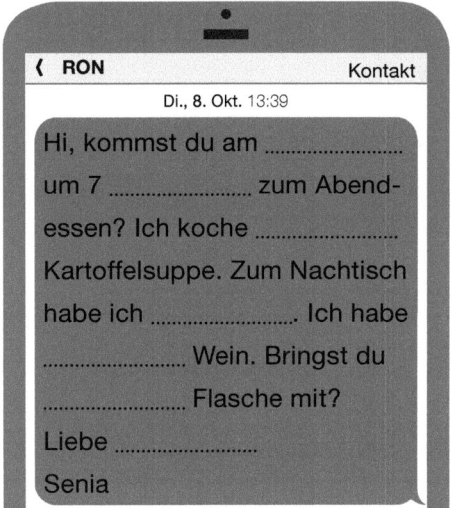

RON　　　　　　　　　Kontakt
Di., 8. Okt. 13:39

Hi, kommst du am _____
um 7 _____ zum Abend-
essen? Ich koche _____
Kartoffelsuppe. Zum Nachtisch
habe ich _____. Ich habe
_____ Wein. Bringst du
_____ Flasche mit?
Liebe _____
Senia

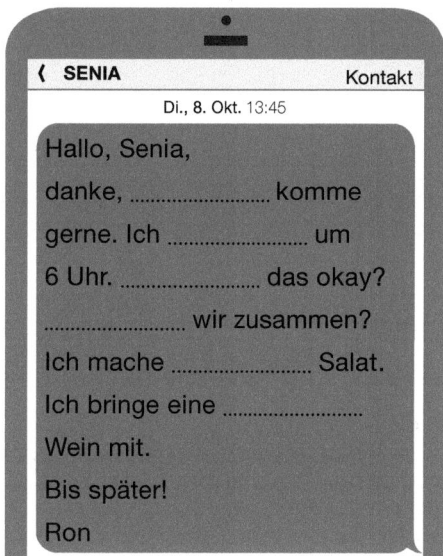

SENIA　　　　　　　　Kontakt
Di., 8. Okt. 13:45

Hallo, Senia,
danke, _____ komme
gerne. Ich _____ um
6 Uhr. _____ das okay?
_____ wir zusammen?
Ich mache _____ Salat.
Ich bringe eine _____
Wein mit.
Bis später!
Ron

Lösung:
Hi,
kommst du am Montag um 7 Uhr zum Abendessen?
Ich koche eine Kartoffelsuppe. Zum Nachtisch habe ich
Obst. Ich habe keinen Wein. Bringst du eine Flasche
mit?
Liebe Grüße
Senia

Lösung:
Hallo, Senia,
danke, ich komme gerne. Ich komme um 6 Uhr.
Ist das okay?
Kochen wir zusammen? Ich mache einen Salat.
Ich bringe eine Flasche Wein mit.
Bis später!
Ron

Kopiervorlage zu Kapitel 6, Aufgabe 5d

„Was isst du?" (Verben mit Akkusativ)

haben	brauchen	möchten
machen	schneiden	backen
kaufen	probieren	kochen
braten	trinken	essen
der Kaffee	die Flasche Wein	der Gemüsereis
die Butter	der Salat	die Kartoffelsuppe
die Pizza	der Kuchen	der Apfel
das Fleisch	die Tomate	die Karotte

Kopiervorlage zu Kapitel 7, Aufgabe 1

Verwandtschaftsbezeichnungen

die Mutter	der Vater	die Tochter
der Sohn	die Oma	der Opa
der Bruder	die Schwester	die Tante
der Onkel	die Eltern	die Kinder
die Großeltern	die Geschwister	der Cousin
die Cousine	der Schwager	die Schwägerin
der Onkel	die Tante	die Urgroßmutter
der Urgroßvater	der Enkel	die Enkelin
der Neffe	die Nichte	meine Familie

Kopiervorlage zu Kapitel 7, Aufgabe 3b

Lieblings ...

Name:	Name:	Name:
Lieblingsfarbe:	Lieblingsfarbe:	Lieblingsfarbe:
Lieblingsessen:	Lieblingsessen:	Lieblingsessen:
Lieblingsmusik:	Lieblingsmusik:	Lieblingsmusik:
Hobby:	Hobby:	Hobby:
Name:	Name:	Name:
Lieblingsfarbe:	Lieblingsfarbe:	Lieblingsfarbe:
Lieblingsessen:	Lieblingsessen:	Lieblingsessen:
Lieblingsmusik:	Lieblingsmusik:	Lieblingsmusik:
Hobby:	Hobby:	Hobby:
Name:	Name:	Name:
Lieblingsfarbe:	Lieblingsfarbe:	Lieblingsfarbe:
Lieblingsessen:	Lieblingsessen:	Lieblingsessen:
Lieblingsmusik:	Lieblingsmusik:	Lieblingsmusik:
Hobby:	Hobby:	Hobby:

Kopiervorlage zu Kapitel 8, Aufgabe 4c

Adjektive

neu	modern
ruhig	hell
alt	unmodern
laut	klein
dunkel	teuer

Kopiervorlage zu Kapitel 8, Aufgabe 6c

Domino „Hier darf man ..."

	Hier darf man grillen.		Hier darf man nicht telefonieren.
	Hier darf man den Kinderwagen abstellen.		Hier darf man Fahrrad fahren.
	Hier darf man keine Hunde mitnehmen.		Hier darf man Fußball spielen.
	Hier darf man skaten.		Hier darf man nicht skaten.
	Hier darf man kein Eis essen.		Hier darf man keine Wäsche aufhängen.

Kopiervorlage zu Kapitel 9, Aufgabe 3, UND SIE?

Kalenderblatt

Montag	Dienstag	Mittwoch	Donnerstag	Freitag	Samstag	Sonntag

Planen und spielen Sie Verabredungen. Schreiben Sie die Verabredungen in den Kalender.

Hast du am … um … Zeit?
Kannst du morgen Abend?

Wollen wir … schwimmen / baden gehen?
… essen gehen?
… einen Film / Fußball sehen?
… Musik hören?
… eine Fahrradtour machen?
… joggen?
…?

–	+
Nein, da habe ich keine Zeit.	Ja, gerne!
Am … kann ich leider nicht.	Ja, klar!
Da geht es nicht, aber wir können …	Natürlich!
Das finde ich nicht so interessant.	Das ist eine gute Idee!
	O.k., Sonntag 19 Uhr ist super!

Kopiervorlage zu Kapitel 9, Aufgabe 5e

Ratespiel

Sport machen	Musik hören	tanzen	Zeitung lesen
Freunde treffen	einen Kaffee trinken	Musik hören	Besuch haben
frühstücken	E-Mails schreiben	Fahrrad fahren	arbeiten
schlafen	Kuchen backen	grillen	Pizza essen

Kopiervorlage zu Kapitel 10, Aufgabe 4b

Wegweiser

Partner/in A

Firma Zimmer

3. Stock

Kantine   Regina Iwanow   Zimmer 301

....

2. Stock

Personalbüro   ....

Betriebsrat   Michael Drefke   Zimmer 202

1. Stock

Geschäftsführung Annika Zimmer   Zimmer 105

Buchhaltung   ....

Erdgeschoss

Werkstatt   Leo Müller   Zimmer 02

Lager   ....

Sie suchen:
Luka Remo, Ursula Schmidt, Mario Grün, Hakan Demir

Sie suchen:
Regina Iwanow, Michael Drefke, Annika Zimmer,
Leo Müller

Partner/in B

Firma Zimmer

3. Stock

Kantine
Luka Remo   Zimmer 303

2. Stock

Personalbüro
Ursula Schmidt   Zimmer 201
Betriebsrat
....

1. Stock

Geschäftsführung
Buchhaltung   Mario Grün   Zimmer 106

Erdgeschoss

Werkstatt
Lager   Hakan Demir   Zimmer 03

Kopiervorlage zu Kapitel 10, Aufgabe 7b

Personalbogen

Persönliche Daten				
1	Name, Vorname (Rufname unterstreichen)			
	ggf. Geburtsname			
2	Straße, Hausnummer			
3	Postleitzahl, Wohnort			
4	Geburtsort/-land/-datum			
5	Familienstand			
6	Staatsangehörigkeit (auch frühere)			
7	Religionszugehörigkeit			
8	Name des Ehegatten (auch Geburtsname)			
9	Kinder			
	Vorname des 1. Kindes		Geburtsdatum	
	Vorname des 2. Kindes		Geburtsdatum	
10	Erreichbarkeit	Tel. privat:	Tel. dienstlich:	E-Mail
11	aktueller Arbeitgeber (Name, Anschrift, Telefon, Fax)			
12	nächste Angehörige/Partner (Name, Anschrift, Telefon, E-Mail)			
13	Krankenkasse			
14	Bankverbindung			
	Kontoinhaber			
	Kreditinstitut			
	IBAN			
	BIC			

Kopiervorlage zu Kapitel 11, Aufgabe 4, UND SIE?

Geburtstagskalender

Januar	Februar	März	April	Mai	Juni
Juli	August	September	Oktober	November	Dezember

Kopiervorlage zu Kapitel 11, Aufgabe 7, UND SIE?

Lückendiktat

Mein Kollege hatte im September .... Er hat ein großes

.... organisiert. Seine Familie war da: seine Frau,

.... und Schwiegersöhne und seine Enkelkinder.

Und dann sind auch .... gekommen. Es war ein

schönes Fest. Es war sonnig und wir haben ....

im Garten gefeiert. Das Essen war .... Mein Kollege hat

.... und Fleisch organisiert und die Gäste haben

.... mitgebracht. ....

einen Kartoffelsalat gemacht. Es .... viele Kinder da und mein

Kollege hat .... zusammen Musik gemacht.

Sie .... in einer Band.

✂ ....

Mein Kollege hatte im September Geburtstag. Er hat ein großes Fest organisiert. Seine Familie
war da: seine Frau, seine Töchter und Schwiegersöhne und seine Enkelkinder. Und dann sind
auch viele Freunde und Kollegen gekommen. Es war ein schönes Fest. Es war sonnig und wir
haben bis ein Uhr morgens im Garten gefeiert. Das Essen war sehr lecker. Mein Kollege hat
die Getränke und Fleisch organisiert und die Gäste haben Salate und Kuchen mitgebracht.
Ich habe einen Kartoffelsalat gemacht. Es waren viele Kinder da und mein Kollege hat mit
seinen Freunden zusammen Musik gemacht. Sie spielen in einer Band.

Kopiervorlage zu Kapitel 12, Aufgabe 2c

Dativspiel

von	nach	zu	mit
vom	zum	zur	
dem	dem	der	den
einem	einem	einer	–
(das) Fahrrad	(der) Zug	(die) U-Bahn	(die) S-Bahn
(die) Straßenbahn	(das) Auto	(der) Bus	zu Fuß
(die) Post	(das) Zentrum	(die) Apotheke	(das) Theater
(die) Schule	(der) Supermarkt	(der) Bahnhof	(das) Kino
(die) Firma	Berlin	München	Hamburg

Kopiervorlage zu Kapitel 12, Aufgabe 7c

Wohin gehen / fahren Sie?

das Cafe	der Park	der Fluss	die Schule
der See	das Meer	der Strand	das Restaurant
das Kino	das Schwimmbad	der Sportplatz	die Pizzeria
morgen	am Montag	am Wochenende	am Sonntag
heute Abend	morgen Vormittag	um 12 Uhr	nach dem Kurs

Kopiervorlage zu Kapitel 13, Aufgabe 2d

Ratschläge

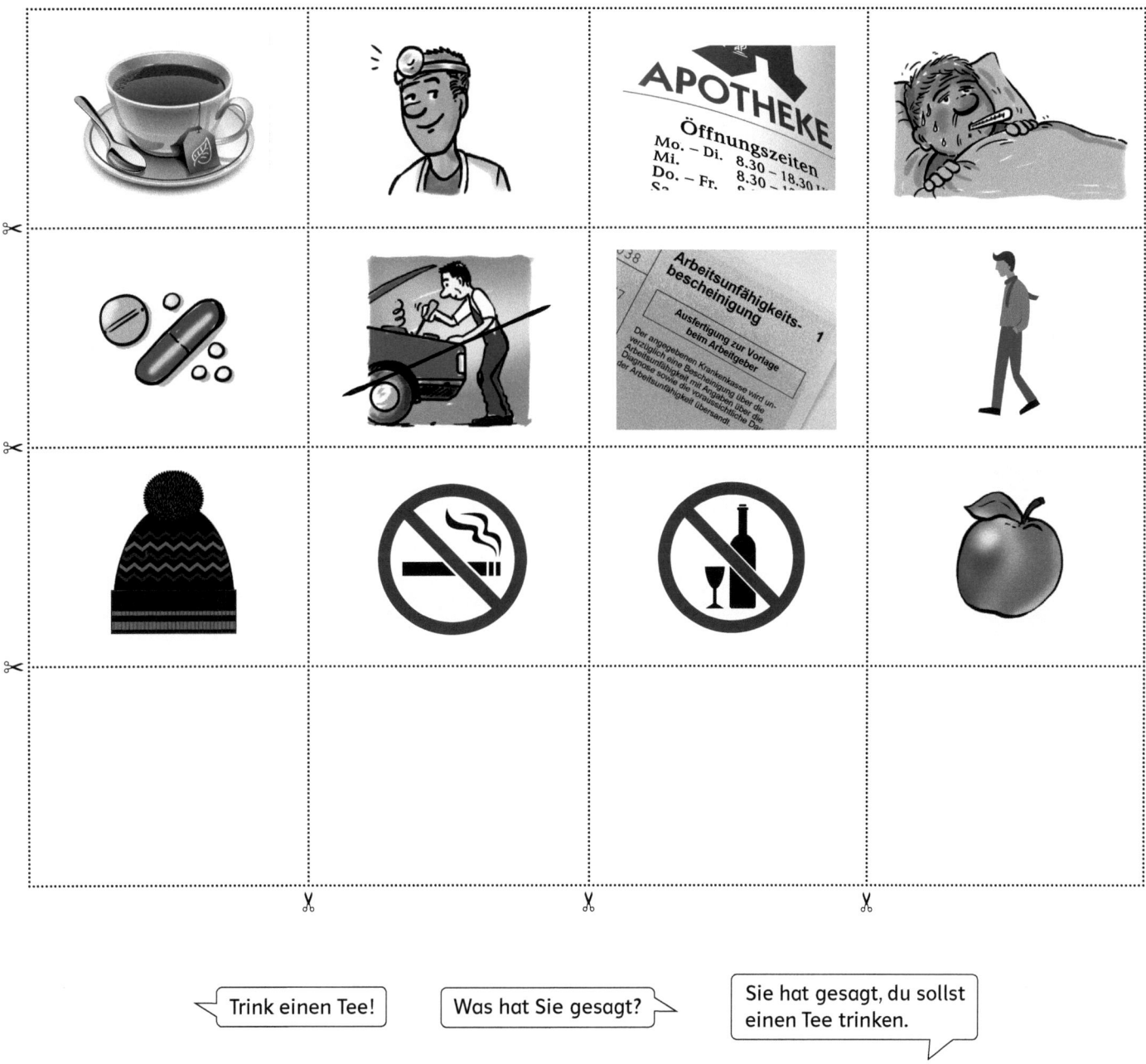

Kopiervorlage zu Kapitel 13, Aufgabe 3b

Körperteile

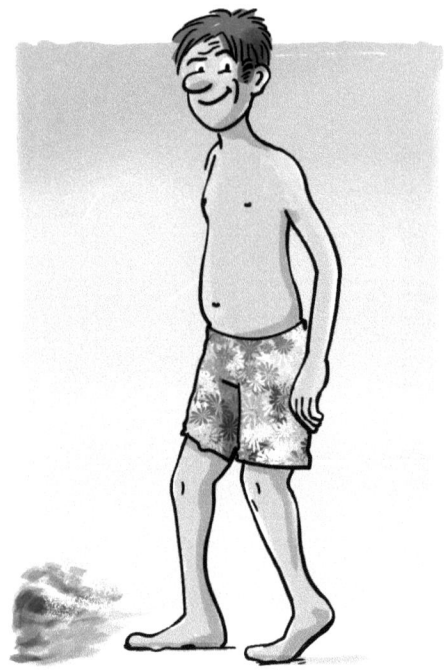

der Kopf	der Arm	die Nase
der Fuß	der Mund	die Hand
der Hals	der Finger	das Ohr
der Bauch	das Bein	die Haare
das Auge	das Knie	

Kopiervorlage zu Kapitel 14, Aufgabe 4b

Textpuzzle *und, aber, oder, denn*

Anna kommt aus Polen

und lebt seit vier Jahren in Deutschland.
Sie ist Informatikerin von Beruf,

aber in Polen hat sie keine Arbeit gefunden.
In Deutschland hat sie einen Sprachkurs besucht

und danach einen Job als Informatikerin in einem
Hotel gefunden. Die Arbeit ist interessant,

aber sie ist auch sehr anstrengend. Manchmal muss
sie auch am Wochenende oder abends arbeiten,

denn das Hotel hat natürlich auch samstags und
sonntags geöffnet. Anna arbeitet nicht gern abends,

denn sie hat eine kleine Tochter. Sie muss die
Tochter abends bei ihrem Mann Tom lassen

oder sie muss einen Babysitter organisieren.
Anna hat Tom im Hotel kennengelernt

denn er arbeitet dort als Hotelkaufmann.
Er arbeitet schon seit acht Jahren im Hotel

und er liebt seinen Job.

Kopiervorlage zu Kapitel 14, Aufgabe 5, UND SIE?

Interviewbogen: *Wann, seit wann, wie lange?*

Wie lange lebst du schon du in … (Stadt)?	
Wann bist du nach … (Land) gekommen?	
Wann hast du den Deutschkurs angefangen?	
Seit wann bist du verheiratet?	
Wann hast du deinen Mann / deine Frau kennengelernt?	
Wann hast du / habt ihr ein Kind bekommen?	
Seit wann hast du ein Handy?	
Wann hast du Auto fahren / Fahrrad fahren gelernt?	
Seit wann spielst du Fußball / Klavier / …?	
Seit wann trägst du eine Brille?	
Wann hast du deine Schule beendet?	
Seit wann suchst du Arbeit / arbeitest du?	

Wie lange lebst du schon in Berlin?

Wann …?

Vor …?

Seit wann …?

Seit …

Kopiervorlage zu Kapitel 15, Aufgabe 2a

Wort-Bild-Memory „Das kann man lernen . . .“

laufen	Tischtennis spielen	schreiben	rechnen
Auto fahren	ein Musik-instrument spielen	nähen	Schach spielen
kochen	Yoga machen	WhatsApp-Nachrichten schreiben	stricken

Kopiervorlage zu Kapitel 15, Aufgabe 7, VORHANG AUF

Was haben Sie wann gemacht?

mit drei Jahren	als Kind	in der Schule	2010
vor drei Jahren	jetzt	bald	mit 12 Jahren
als Jugendliche	seit einem Jahr	zurzeit	in einem Jahr
in … Jahren	vor … Jahren	mit … Jahren	vor sechs Monaten

Kopiervorlage zu Kapitel 16, Aufgabe 3d

Bildpaare

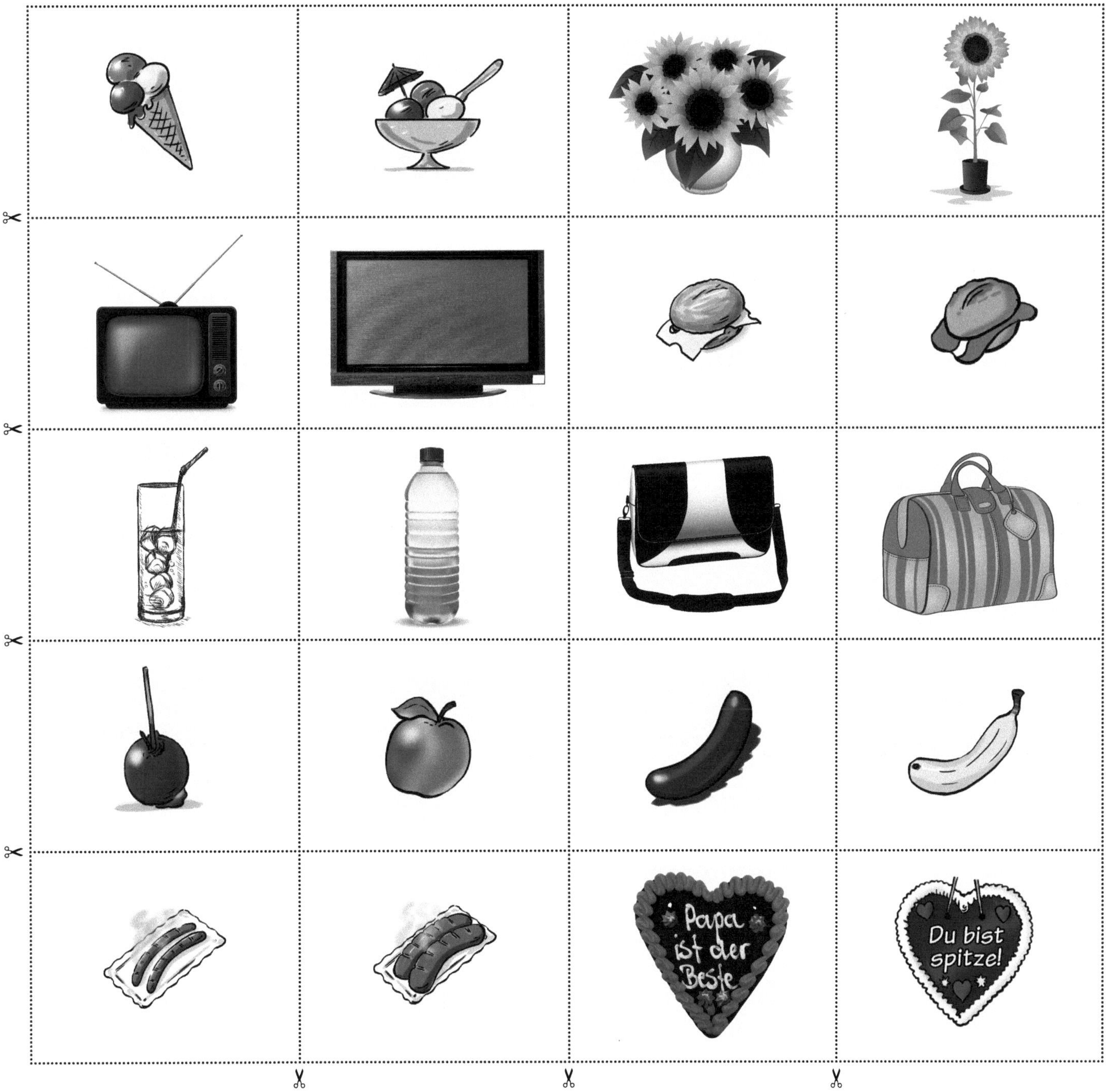

Kopiervorlage zu Kapitel 16, Aufgabe 6, VORHANG AUF

Elfchen-Vorlage

....

1 Wort (Thema)

....

2 Wörter

....

3 Wörter

....

4 Wörter

....

1 Wort

Glossar

Ballrunde: PL: KL wählt durch Zuruf TN aus, wirft TN einen kleinen Ball zu und stellt eine Frage. TN antwortet, wählt den nächsten TN aus, stellt eine Frage usw.

Domino: Domino-Spiele eignen sich für Wortschatztraining, z. B. Artikeldomino, Wort-Bild-Domino usw. Domino-Spiele kann der/die KL für GA anfertigen oder sprachlich stärkere TN können selbst ein Spiel anfertigen.
Variante A (GA/2–4 TN): TN innerhalb der Gruppe spielen gegeneinander, jede/r TN bekommt drei Kärtchen, die restlichen Kärtchen kommen auf einen Stapel. Ein Kärtchen wird aufgedeckt und A versucht, ein Kärtchen rechts oder links anzulegen. Wer nicht anlegen kann, zieht ein Kärtchen. Dann macht B weiter usw. Wer zuerst alle Kärtchen abgelegt hat, hat gewonnen.
Variante B (GA/2–4 TN): TN spielen kooperativ und bringen die Steine gemeinsam in eine richtige Reihenfolge, die Gruppe, die zuerst fertig ist, gewinnt.

Elfchen: Ein Elfchen ist ein kurzes Gedicht, das nach einer bestimmten Strukturvorgabe geschrieben wird. Es besteht aus elf Wörtern, die auf fünf Zeilen verteilt sind. In der ersten Zeile steht nur ein Wort, in den folgenden drei Zeilen kommt je ein Wort dazu und die letzte Zeile besteht wieder nur aus einem einzigen Wort. In der ersten Zeile wird die Idee zu einem Thema mit einem Wort festgehalten, in den folgenden Zeilen wird das Thema dann vertieft und in der letzten Zeile auf den Punkt gebracht. Es kann für jede Zeile eine Anforderung formuliert werden:

Zeile	Wörter	Inhalt
1	1	Ein Gedanke, ein Gegenstand o.Ä.
2	2	Was macht das Wort aus Zeile 1?
3	3	Wo oder wie ist das Wort aus Zeile 1?
4	4	Was meinst du?
5	1	Fazit: Was kommt dabei heraus?

Das Elfchen kann auch ohne Vorgaben geschrieben werden, solange die Form (Anzahl der Wörter pro Zeile) eingehalten wird. Um das zu gewährleisten, können TN die Elfchen-Vorlage im Anhang verwenden. Elfchen eignen sich sowohl zum Einstieg in ein Thema als auch zum Abschluss und sie können in EA, PA oder GA formuliert werden. Sie regen zum kreativen Schreiben an und ermöglichen es den TN, bereits auf A1-Niveau ein Gedicht zu schreiben, in dem sie auf einfache Weise etwas über sich mitteilen.

Hitparade: TN schreiben in EA/PA/GA Dinge auf Kärtchen. Dann präsentieren sie diese im PL und ordnen sie dabei danach, wie häufig eine Sache genannt wird: TN/Gruppe A hängt Kärtchen auf, TN/Gruppe B macht weiter usw. Dinge, die mehrfach genannt werden, wandern auf der Liste nach oben, sodass eine Kurs-Hitliste entsteht (Pinnwand/IAW).

Kettenübung: Kettenübungen eignen sich z. B. zum Einschleifen von neuen Grammatikformen oder Redemitteln im PL oder in GA. KL beginnt z. B. mit einer Frage an A, A antwortet und fragt B, B antwortet und fragt C usw. immer der Reihe nach. Um die Reihenfolge etwas aufzulockern, eignet sich z. B. eine ▶ **Ballrunde.**

Kugellager: TN stellen sich im Kugellager auf, d.h. die Hälfte der TN bildet einen Innenkreis, die andere Hälfte der TN steht im Außenkreis jeweils einem TN aus dem Innenkreis gegenüber. Die sich gegenüberstehenden TN führen einen Dialog, für den KL eine Zeit vorgibt, z. B. eine Minute. Anschließend gehen die TN aus dem Außenkreis im Uhrzeigersinn weiter zum nächsten TN und haben erneut eine Minute Zeit für einen Dialog. Das Ganze kann so oft wiederholt werden, bis die Runde beendet ist.

Laufdiktat: Eine Teilnehmergruppe bekommt einen Text zugeordnet, der möglichst weit entfernt im Kursraum ausgelegt oder aufgehängt wird. Jede/r A läuft zu seinem/ihrem Text, liest und merkt sich das erste Wort, den ersten Satzteil oder Satz (je nach Vermögen), kommt zum Platz zurück und schreibt das Wort oder den Satz aus dem Gedächtnis auf, läuft wieder los und macht mit dem nächsten Wort/Satz weiter usw. Die TN vergleichen ihre Texte mit dem Original.
Variante (PA): A läuft los, liest und merkt sich einen Satz und diktiert ihn B (leise, damit die anderen nicht gestört werden). Dann läuft B los, merkt sich einen Satz und diktiert ihn A usw. bis der Text fertig ist.
Ein Laufdiktat ist eine Form von ▶ **Lernen mit Bewegung.** Es eignet sich als Schreibübung, Rechtschreibtraining und Gedächtnistraining zum Festigen von bereits Erlerntem.

Lebende Sätze: KL schreibt die Wörter und Satzzeichen eines Satzes auf jeweils eine Karte. TN erhalten eine der Karten und stellen sich in der Reihenfolge auf, wie die Wörter im Satz aufeinander folgen. Die anderen TN helfen bei Bedarf.
Variante GA: Jede Gruppe schreibt die Wörter eines Satzes groß auf Karten und stellt sich in der richtigen Reihenfolge auf. Die Gruppengröße orientiert sich an der Anzahl der Wörter des Satzes.

Lebendige Statistik: Bei dieser Methode stellen TN sich nach bestimmten Kriterien auf, entweder in einer Linie, im Kreis, z. B. nach Alter (Kapitel 10): A beginnt und sagt, wann er/sie geboren ist (z. B. „Ich bin 1977 geboren.") und stellt sich hin. B macht weiter und stellt sich rechts/links neben A, je nachdem ob er/sie davor oder danach geboren ist. C ordnet sich entsprechend ein usw., bis alle TN in einer Linie oder im Kreis (der/die Jüngste neben dem/der Ältesten) stehen. Die lebendige Statistik bietet sich an, um persönliche Informationen bildhaft darzustellen und dabei das Spektrum innerhalb eines Kurses aufzuzeigen.

TN ▶ **lernen mit Bewegung**, teilen sich persönlich mit und kommen mit TN, mit denen sie Berührungspunkte/Gemeinsamkeiten haben, räumlich zusammen. Ohne viel zu sprechen entsteht so ein Überblick über die Kurszusammensetzung und ein weiterführender Sprechanlass.

Lernen mit Bewegung: Lernen mit Bewegung eignet sich zum Einsatz im Unterricht, da es nicht nur Spaß macht, sondern auch die Verknüpfung des Gelernten im Gehirn fördert. Durch Bewegung werden die motorischen Zentren im Gehirn aktiviert, die eine wichtige Rolle bei der Speicherung und Verarbeitung von Informationen spielen. Der Einsatz von Gesten und rhythmischer Bewegung beim Lernen fördert Aufmerksamkeit und Konzentration. So bleiben neue Wörter und Inhalte besser im Gedächtnis haften. Dazu eignen sich u.a. folgende Formen:
▶ **Lebende Sätze,** ▶ **Lebendige Statistiken** und ▶ **Laufdiktate.**

Lernstationen: Der Stoff wird auf mehrere Lernstationen aufgeteilt. Als Lernstationen dienen Tische, auf denen sich das benötigte Material und ein Zettel mit dem Arbeitsauftrag für die jeweilige Station befinden. Der Kurs wird in so viele Lerngruppen (3–5 TN) geteilt, wie es Stationen gibt. Jede Gruppe beginnt an einer der Stationen, KL gibt eine Zeit vor. Dann wechseln die Gruppen an die nächste Station und machen dort weiter usw. Am Ende präsentieren die Gruppen das Gesamtergebnis der Station, an der sie sich gerade befinden.

Memory: Memory eignet sich, um den eingeführten Wortschatz zu trainieren. Die Memory-Karten bestehen aus einer Bildkarte und einer Wortkarte. Diese werden gemischt und verdeckt auf den Tisch gelegt. A dreht zwei Kärtchen um. Passen Wort und Bild zueinander, behält A die Kärtchen und spielt noch einmal. Passen sie nicht, ist B dran usw. Im Anhang befinden sich Memory-Karten zum Ausschneiden zu Kapitel 5 und 15. Wort-Bild-Memory Karten eignen sich zu fast jedem Thema und können von den Lernenden selbst angefertigt werden.

Oo-Sätze: TN üben den Satzakzent, indem sie Sätze als Oo-Sätze vorlesen: Sie sprechen alle Silben auf O und betonen die Os auf dem Satzakzent, d.h. auf dem großen O. Dabei übertreiben sie die Betonung und variieren die Sprechweise (laut, leise, freundlich, unfreundlich etc.). In PA können Oo-Sätze auch als Ratespiel gespielt werden. Ein TN wählt einen Satz und spricht ihn als Oo-Satz vor, die anderen TN erraten, um welchen Satz es sich handelt.

Partnerkorrektur: Je zwei TN tauschen ihre Texte und korrigieren sie gegenseitig. TN arbeiten mit Bleistift und können die Fehler entweder korrigieren oder nur durch Unterstreichung oder eine entsprechende Anzahl an Strichen am linken Rand markieren und die Korrektur dem Verfasser überlassen. Bei Diktaten korrigieren TN mithilfe der Vorlage, bei freien Texten, E-Mails o.Ä. bespricht KL vorab mit TN, worauf sie bei der Korrektur achten sollen, wie z.B. bestimmte Inhalte, formale Richtigkeit oder neu eingeführte Strukturen.

Satzpuzzle: TN arbeiten in Gruppen. Jede Gruppe erhält zerschnittene Sätze mit der Aufgabe, die Wörter in die richtige Reihenfolge zu legen. Zur Vereinfachung kann KL einzelnen Wortarten auch bestimmte Farben zuordnen, z.B. Verben auf grünes Papier etc. Anschließend schreibt jede Gruppe zur Kontrolle einen Satz an die Tafel.

Verben würfeln: TN schreiben/erhalten Kärtchen mit Verben, die umgekehrt auf einen Stapel gelegt werden. Würfel: Jede Zahl steht für ein Personalpronomen. A würfelt, zieht ein Kärtchen und konjugiert das Verb in der passenden Form usw.

Wichteln: TN schreiben ihre Namen je auf einen Zettel, sammeln die Zettel ein und verteilen sie neu, ohne dass bekannt wird, wer welche Person gezogen hat. Dann besorgt jede/r für seine/ihre Person ein passendes Geschenk, z.B. etwas aus dem Kursraum oder etwas von zu Hause, was die Person nicht mehr braucht (Schrottwichteln), oder ein fiktives Geschenk, das auf einen Zettel gemalt oder geschrieben wird. Die Geschenke werden eingepackt, mit dem Empfängernamen versehen und an einem Ort gesammelt. Jede Person erhält ihr Geschenk und präsentiert es im Kurs.

Wordle: Wordle ist ein Online-Programm zum kooperativen Erstellen von Wortbildern. Das Programm lässt sich kostenlos im Internet nutzen und funktioniert nach dem Prinzip, dass die wichtigsten Wörter am größten dargestellt werden.

Wortbild: Ein Wortbild eignet sich zum Aktivieren von Vorwissen als Einstieg in ein neues Thema oder zum Kategorisieren und Wiederholen von Wortschatz als Abschluss eines Themas. Wenn TN Internet haben und z.B. mit Tablets arbeiten, bietet sich ein ▶ **Wordle** an. Das Wordle-Prinzip kann aber auch gut ohne Internet angewendet werden, indem auf Plakaten die wichtigsten Wörter am größten dargestellt werden. In GA einigen TN sich also z.B. auf die Dinge, die am wichtigsten sind. Das wichtigste Wort wird am größten dargestellt. Alternativ können TN auch Wortschatz visualisieren. Dazu einigen sie sich in GA auf ein Thema oder Wort, z.B. Musik, und zeichnen dazu Noten, Musiklinien etc. Eine weitere Möglichkeit ist es, Wortschatz thematisch zu ordnen, d.h. einem Thema Unterthemen zuzuordnen und zu diesen weiteren Wortschatz zu sammeln, z.B. Jahreszeiten, Winter, Kleidung, Handschuhe, Mütze etc.

Wortigel: KL schreibt ein Wort/Thema in die Mitte der Tafel und sammelt auf Zuruf außen herum passende Wörter, ggf. nach Unterthemen sortiert. Diese Methode eignet sich gut, um beim Einstieg in ein neues Thema Vorwissen zu aktivieren und so bereits bekannten Wortschatz zu visualisieren.

Lernziele des Rahmencurriculums für Integrationskurse „Deutsch als Zweitsprache"

Diese Übersicht zeigt die Verteilung der Kann-Beschreibungen des „Rahmencurriculums für Integrationskurse Deutsch als Zweitsprache" auf die Kapitel.

Kapitel 1

Kann Auskünfte zur Person bei der Anmeldung beim Arzt oder im Krankenhaus geben.
Kann in einem Formular die wichtigsten persönlichen Daten eintragen.
Kann jemanden angemessen begrüßen.
Kann auf einen Gruß angemessen reagieren.
Kann sich mit einfachen Worten vorstellen.
Kann Verabschiedungen verstehen und angemessen darauf reagieren.
Kann sich angemessen verabschieden.

Kapitel 2

Kann sehr einfach und klar, auch telefonisch, mitteilen, dass er/sie einen bestimmten Beruf oder Job ausüben kann und möchte.
Kann gut verständlich Zahlenangaben machen.
Kann Auskünfte zur Person bei der Anmeldung geben.
Kann in einem Formular die wichtigsten persönlichen Daten eintragen.
Kann sagen, welche Sprachen er/sie spricht.
Kann mit einfachen Worten Zustimmung oder Ablehnung ausdrücken sowie beispielsweise eine einfache Frage verneinen.
Kann sich mit einfachen Worten vorstellen.
Kann jemanden mit einfachen Worten vorstellen.
Kann höflich reagieren, wenn er/sie vorgestellt wird.
Kann sich ein persönliches Glossar in Form einer einfachen Kartei anlegen und benutzen.

Kapitel 3

Kann gut verständlich Zahlenangaben machen.
Kann einfache Erklärungen der Lehrkräfte verstehen.
Kann nachfragen, wenn er/sie im Unterricht oder bei den Hausaufgaben etwas nicht verstanden hat.
Kann mit einfachen Worten um Wiederholung bitten, wenn er/sie etwas nicht verstanden hat.
Kennt Verfahren, Wörter zu memorieren und kann diese anwenden.

Kapitel 4

Kann Verkaufs- oder Servicepersonal darum bitten, eine Frage zu beantworten bzw. eine Bestellung aufzunehmen oder den Wunsch äußern zu zahlen.
Kann in einer Gaststätte gewünschte Speisen und Getränke bestellen und ggf. um Zusatzinformationen bitten.
Kann mit einfachen Worten Bekannte, Kollegen oder Nachbarn nach dem Befinden fragen.
Kann auf Fragen nach dem Befinden reagieren.
Kann am Schalter oder Telefon Informationen, die im Wesentlichen auf Zahlen basieren, erfragen.
Kann mit einfachen Ausdrücken über Vorlieben und Abneigungen kommunizieren.
Kann jemanden ansprechen und mit einfachen Worten um konkrete, alltägliche Dinge bitten.
Kann insbesondere bei Fernsehsendungen die Bildinformationen für das Verstehen nutzen.

Kapitel 5

Kann mit Vorgesetzten mit einfachen Worten Einzelheiten des Einsatzplans absprechen.
Kann Fahrplänen für ihn/sie relevante Informationen entnehmen.
Kann sich mit anderen Kursteilnehmern zum gemeinsamen Lernen, Üben verabreden.
Kann die wesentlichen Informationen einer Mitteilung eines Hausbewohners am Schwarzen Brett verstehen.

Kapitel 6

Kann sich allgemein bei Bekannten oder Nachbarn über gesuchte Produkte informieren.
Kann Werbeanzeigen in Hauswurfsendungen, Zeitungen, Zeitschriften oder auf Werbeplakaten relevante Informationen entnehmen.
Kann grundlegende einfache Informationen zu Produkten erfragen.
Kann gut verständlich Zahlenangaben machen.
Kann mit einfachen Ausdrücken über Vorlieben und Abneigungen kommunizieren.
Kann mit sehr einfachen Worten ein Kompliment aussprechen.
Kann Kollegen oder Freunde mit einer E-Mail zu einer Feier oder gemeinsamen Aktivität einladen.
Kann sich für eine Einladung bei Kollegen oder Freunden bedanken und zusagen oder freundlich absagen.
Kann Wörter in Gruppen sortieren und zum Zwecke des besseren Memorierens aufschreiben.

Kapitel 7

Kann mit einfachen Worten auf einfache Fragen der Mitarbeiter antworten.
Kann Kollegen mit einfachen Worten nach der Verteilung von Aufgaben innerhalb eines Teams fragen.
Kann der Versicherung Änderungen mitteilen.
Kann mit einfachen Worten Kollegen um Hilfe bitten.
Kann mit einfachen Ausdrücken Gefallen und Missfallen ausdrücken.
Kann mit einfachen Ausdrücken über Vorlieben und Abneigungen kommunizieren.
Kann jemanden mit einfachen Worten vorstellen.
Kann sagen, ob er/sie zu einem Termin Zeit hat.
Kann sagen, dass er/sie für eine gemeinsame Aktivität keine Zeit hat.
Kann einfache Informationen über sich, seine/ihre Familie und sein/ihr Umfeld austauschen.
Weiß um die graphomotorische Unterstützung des Wörterlernens durch das Schreiben und setzt dies beim individuellen Lernen ein.

Kapitel 8

Kann auf einer Abrechnung die Höhe der zu zahlenden Summe verstehen.
Kann die wichtigsten Informationen der Hausordnung verstehen.
Kann Warnhinweise und Hinweisschilder in einem Mietshaus verstehen.
Kann die wichtigsten Abkürzungen in Wohnungsanzeigen verstehen.
Kann Wohnungsanzeigen die für ihn/sie relevanten Informationen entnehmen.
Kann, auch telefonisch, mit einfachen Worten einen Besichtigungstermin vereinbaren.
Kann mit einfachen Ausdrücken Gefallen und Missfallen ausdrücken.
Kann den positiven Effekt von Berühren oder Bewegen beim Einprägen grammatischer Strukturen für sich nutzen.

Kapitel 9

Kann Ankündigungen für Veranstaltungen wesentliche Informationen entnehmen.
Kann in einem Gespräch ganz einfache organisatorische Informationen zu einem Kurs verstehen.
Kann Kollegen oder Freunde fragen, ob sie Zeit haben, gemeinsam etwas zu unternehmen.
Kann sagen, dass er/sie für eine gemeinsame Aktivität keine Zeit hat.

Kapitel 10

Kann dem Telefonbuch oder Internet spezifische Informationen über Behörden entnehmen.
Kann in Formularen persönliche Daten eintragen.
Kann einfache und standardisierte Wegweiser verstehen.
Kann am Informationsschalter gezielt Auskünfte erfragen.
Kann für ihn/sie relevante Formulare mit persönlichen und berufsbezogenen Angaben ausfüllen.
Kann das Wesentliche ganz einfacher, ihm/ihr vertrauter Arbeitsaufträge verstehen.
Kann mit einfachen Worten bestätigen, dass er/sie einen Auftrag verstanden hat und annimmt.
Kann die wichtigsten Informationen aus den Sicherheitsvorschriften am Arbeitsplatz verstehen, wenn diese illustriert sind.
Kann mit Vorgesetzten mit einfachen Worten Einzelheiten des Einsatzplans absprechen.
Kann bei mündlichen Arbeitsverträgen die wesentlichen Informationen verstehen.
Kann bei Bekannten oder Beratungsstellen mit einfachen Worten für ihn/sie wichtige Informationen bzgl. Arbeitssuche erfragen.
Kann in Beratungsgesprächen auf einfache Fragen Auskunft geben.
Kann Hinweisschildern in Banken die wichtigsten Informationen entnehmen.
Kann, auch im Internet, Bestellungen aufgeben und dafür in Bestellformulare relevante Daten eingeben.
Kann ein Gespräch einfach und höflich beenden.
Kann Namen, Daten, Internationalismen, cognates, verwandte Wörter, häufig wiederkehrende Wörter, Wortbildung und Wortzusammensetzung etc. für das Verstehen eines Textes nutzen.

Kapitel 11

Kann mit Gesten unterstützte Hinweise von Schalterbeamten verstehen.
Kann Mitreisende oder Passanten nach dem Weg fragen und das Wesentliche einer Wegbeschreibung verstehen.
Kann seine Freude ausdrücken.
Kann jemandem zum Geburtstag oder zur Hochzeit gratulieren.
Kann sich für gute Wünsche bedanken und die Wünsche mit einfachen Worten erwidern.
Kann in einer einfachen Postkarte/E-Mail auf eine Einladung zu einer Feier oder gemeinsamen Aktivität reagieren.

Kapitel 12

Kann das Wesentliche einer Wegbeschreibung verstehen.
Kann wichtige Informationen in einfachen Lautsprecherdurchsagen am Bahnhof verstehen.
Kann Mitreisenden oder Passanten einen Weg beschreiben.
Kann mit einfachen Worten sagen, dass er/sie nicht weiß, wie etwas auf Deutsch heißt.

Kapitel 13

Kann sich mit einfachen Worten krankmelden.
Kann in einfacher Form einen Terminvorschlag machen und auf einen Terminvorschlag reagieren.
Kann Werbeanzeigen relevante Informationen entnehmen.
Kann mit einfachen Worten Empfehlungen und Adressen erfragen.
Kann mitteilen, wie es ihm/ihr geht und, auch mithilfe von Gesten, beschreiben, was ihm/ihr wehtut.
Kann im Gespräch mit Ärzten oder Apothekern relevante Informationen verstehen.
Kann in Gesprächen mit Ärzten oder Apothekern einfache Anweisungen verstehen.
Kann mit einfachen Worten Bekannte, Kollegen oder Nachbarn nach dem Befinden fragen.
Kann mit einfachen Worten auf die Frage, wie es ihm/ihr geht, reagieren.
Kann sich, auch telefonisch, mit einfachen Worten krankmelden.
Kann ein Gespräch einfach und höflich beenden.
Kann sich für eine Einladung bei Freunden bedanken und zusagen oder freundlich absagen.
Weiß, dass er/sie Wörter durch eine Kombination von lautem Sprechen, Schreiben, Lesen, Berühren, Zeichnen, besser behält und kann dies beim eigenen Lernen umsetzen.

Kapitel 14

Kann in Beratungsstellen mit einfachen Worten über sich selbst informieren.
Kann die wichtigsten Informationen von Stellenanzeigen in Zeitungen, im Internet oder am Schwarzen Brett eines Supermarkts verstehen.
Kann, auch telefonisch, mit einfachen Mitteln eine Reservierung tätigen.
Kann sich mit einfachen Worten beschweren.

Kapitel 15

Kann eine ganz einfache Mitteilung schreiben und darin wichtige Auskünfte geben.
Kann in einem einfachen Bewerbungsgespräch einfach und klar wichtige Auskünfte geben.
Kann in Beratungsgesprächen auf einfache Fragen Auskunft geben.
Kann einen einfachen, klaren Aushang für ein Schwarzes Brett schreiben und darin eine Dienstleistung anbieten.
Kann klar und einfach sagen, was er/sie kann, bisher gemacht hat.
Kann auf direkte Fragen zu den eigenen Fähigkeiten antworten.
Kann seine/ihre Gesprächspartner um sprachliche Korrektur als Hilfe beim Sprachenlernen bitten.
Weiß, dass man durch Verwendung auswendig gelernter / trainierter Wendungen / Diskursformeln / Kollokationen etc. flüssiger sprechen kann und nutzt dieses Wissen für das Lernen.

Kapitel 16

Kann mit einfachen Worten sagen, dass er/sie nicht weiß, wie etwas auf Deutsch heißt.
Kann mit einfachen Ausdrücken Gefallen und Missfallen ausdrücken.
Kann mit sehr einfachen Worten ein Kompliment aussprechen.
Kann sich für ein Kompliment bedanken.
Kann sich (auch telefonisch) für eine Einladung bedanken und mit Angabe eines Grundes absagen.

Bildnachweis: